zs

© Verlag Zabert Sandmann GmbH
München
3. Auflage 2001
ISBN 3-932023-67-6

Gestaltungskonzept	Zero, Georg Feigl
Grafische Gestaltung/DTP	Georg Feigl
Umschlaggestaltung	Georg Feigl
Fotografie	FoodPhotography Eising
	Zero (s. auch Bildnachweis)
Redaktion	Jörg Christöphler
Herstellung	Karin Mayer, Peter Karg-Cordes
Lithografie	inteca Media Service GmbH, Rosenheim
Druck & Bindung	Neue Stalling, Oldenburg

Besuchen Sie uns auch im Internet unter der Adresse www.zsverlag.de

JENS PRIEWE

WEIN

DIE PRAKTISCHE SCHULE

ZABERT SANDMANN

Château

My Lafite

Vom rechten Umgang mit Wein

Die Silberfolie im Flaschenmund hilft, den Wein tropfenfrei auszuschenken – ein nützliches Accessoire für Weinliebhaber.

Viele Menschen haben in den letzten Jahren die Faszination des Weins entdeckt. Sie haben Spaß daran, Weine zu probieren. Sie bereisen Weinanbaugebiete. Sie öffnen nicht nur zu Weihnachten oder zu Ostern eine Flasche. Das schönste Genussmittel der Welt ist zu einem Bestandteil ihres Lebensstils geworden, gleichbedeutend mit Musik, Theater, Literatur. Fragen nach dem richtigen Umgang mit Wein tauchen immer häufiger auf. Wie lagere ich ihn richtig? Aus welchen Gläsern schmeckt er am besten? Wie alt kann er werden? Erfahrene Weintrinker mögen auf alle diese Fragen schon eine Antwort gefunden haben. Doch viele Weinliebhaber möchten darüber mehr wissen. Für sie ist dieses Buch geschrieben.

»Wein – die praktische Schule« möchte zeigen, wie Wein behandelt werden sollte, damit er ein voller Genuss ist. Wie man verhindert, dass der Korken beim Ziehen abbricht und warum man »Bleikapsel« sagt, obwohl sie aus Zinn ist. Was es bedeutet, wenn sich Schimmel unter der Kapsel gebildet hat und was »Schmant« ist. Was der Fachmann unter »Frappieren« und »Chambrieren« versteht und wo Weinflaschen gelagert werden, wenn man in einer 3-Zimmer-Wohnung lebt. Welches die besten Korkenzieher sind und warum Bläschenbildung im Rotwein ein Beanstandungsgrund ist, beim Weißwein hingegen nicht. Was passieren kann, wenn ein Champagner zu lange dem Licht ausgesetzt wird und wie die Flasche beim Öffnen gehalten wird, damit er nicht überschäumt.

Wo immer ich in den letzten Jahren als Gast im Restaurant ein stiller Beobachter des Geschehens um mich herum war, habe ich mir Notizen gemacht. Wie kühlt man Wein schnell herunter? Wie erwärmt man ihn, wenn er zu kühl aus dem Keller kommt? Luden mich Weinsammler ein und führten mich durch ihre Keller, ließ ich mir erzählen, welche Erfahrungen sie mit stehender und liegender Lagerung gemacht hatten. Was sie über hochgehende Korken berichteten und welche Maßnahmen sie ergreifen, wenn die Temperaturen in ihrem Keller zu stark schwanken. Saß ich mit Weingutsbesitzern zu Tisch, haben wir experimentiert, wie ein und derselbe Wein im Vergleich aus der Flasche und aus der Karaffe schmeckt. Oder festgestellt, dass man nicht nur einige Rotweine, sondern auch bestimmte Weißweine dekantieren sollte.

Neben lehrreichen Gesprächen war es auch manch leidvolle Erfahrung, die zum Entstehen dieses Buches beigetragen hat, vor allem in der Gastronomie: zu warme Rotweine, eisgekühlte Weißweine, randvoll eingeschenkte Gläser. Im Umgang mit Wein wirken viele Restaurants noch ziemlich unbeholfen. Andere nutzen kess die Unsicherheit ihrer Gäste aus: servieren Rotwein im Weißweinglas und schenken so schnell nach, dass der Gast kaum eine Chance hat, den Wein zu genießen – geschweige denn, den Alkohol körperlich zu verarbeiten. Aber auch bei privaten Weinliebhabern herrschen oft unklare Vorstellungen über den richtigen Umgang mit Wein. Die einen gehen mit altväterlicher Selbstherrlichkeit zu Werke, die anderen mit übertriebener Vorsicht.

Noch etwas: Wer feine Weine trinkt, braucht mehr als einen Korkenzieher. »Wein – die praktische Schule« gibt darum einen Überblick über notwendige und nützliche Dinge rund um den Wein – vom Kapselschneider bis zum Aromaverschluss, vom Karaffenständer bis zur PC-Software für den Weinkeller. Einige dieser Accessoires ringen dem Genussmenschen nur ein müdes Lächeln ab. Weinprofis finden sie wiederum gar nicht komisch.

So ist das mit dem Wein: Es gibt keine einfachen Wahrheiten. Flasche aufmachen, einschenken, genießen – so simpel ist die Gleichung nur für Menschen, die den perfekten Weinhändler stets an ihrer Seite haben. Für alle anderen gilt: Der Umgang mit dem schönsten Genussmittel der Welt will erlernt sein.

Das schönste Genussmittel der Welt

»Alle leicht erregbaren Nahrungsmittel machen Träume: dunkles Fleisch, Tauben, Enten, Wild, besonders Hasen, desgleichen Spargel, Sellerie, Trüffel, Vanille...« schrieb 1826 der französische Gastrophilosoph Jean-Anthèlme Brillat-Savarin. Den Wein vergaß er. Knapp 200 Jahre später ist es vor allem der Wein, der die Menschen träumen lässt.

Der Wein und die Flasche

Die Flasche aus Glas ist Bestandteil der Qualität des Weins. Mit ihr begann der Aufstieg des Weins zum edelsten aller Genussmittel. Sie schützt und konserviert den Wein. Sie macht, dass er reifen und altern kann. Sie sorgt dafür, dass Wein wohldosiert gehandelt und genossen werden kann. Weintrinker zollen der Flasche manchmal dadurch Respekt, dass sie sie aufbewahren, auch wenn sie schon leer ist.

Das Frontetikett

Visitenkarte des Weins. Sie schmückt ihn und enthält wichtige Informationen über den Inhalt der Flasche: etwa die Bezeichnung des Weins. Er kann nach seiner Herkunft heißen (z.B. Chablis) oder nach der Rebsorte (z.B. Merlot). Manche Weine tragen auch nur einen Markennamen (z.B. Blanché). Außerdem benennt das Etikett den Jahrgang, den Erzeuger (oder Abfüller) sowie das Weinbaugebiet (bzw. die Lage), aus dem die Trauben kommen.

Der Alkoholgehalt wird auf europäischen Etiketten nur als Annäherungswert angegeben: etwa als 12 Vol.% oder 12,5 Vol.%. Zwischenwerte sind nicht erlaubt – im Gegensatz zu Weinen aus Übersee. Außerdem muss der Flascheninhalt genannt werden: 75 cl entsprechen 0,75 Liter. Das »e« steht für europäisches Volumenmaß.

Das Rücketikett

Wegen der strengen Vorschriften für das Frontetikett sind viele Erzeuger dazu übergegangen, für Weintrinker wichtige, zusätzliche Informationen auf dem quasi inoffiziellen Rücketikett unterzubringen. Dort kann stehen, bei welcher Temperatur und zu welchen Gerichten der Wein am besten getrunken werden sollte.

Oft finden sich dort auch nähere Angaben zu den Rebsorten oder dazu, wie der Wein ausgebaut wurde. Bei Überseeweinen müssen auch Zusatzstoffe angegeben werden (z.B. Schwefel). Wegen dieser Zusatzinformationen ist das Rücketikett oftmals interessanter als das offizielle Frontetikett.

Die Flasche

Glas ist geschmacksneutral, also resistent gegen Alkohol, Gerbsäure, Phenole. Grün oder braun gefärbtes Glas schützt den Wein weitgehend vor UV-Strahlen. Dadurch bleibt die Farbe des Weins erhalten. Glas ist formstabil. Je nach Stärke des Glases werden in großen Kellereien bis zu 40 Flaschen aufeinander gestapelt.

Glas hält Temperaturen von minus 15 °C bis plus 80 °C aus – wichtig beim Transport von Wein. Glasflaschen können recycelt werden. Wegen des hohen Aufwands fürs Reinigen ist jedoch ein Scherbenrecycling energiesparender. Nachteile des Glases: das hohe Gewicht und die leichte Zerbechlichkeit.

WIE DER WEIN AUF DIE FLASCHE KAM

Als Werkstoff war Glas bereits in der frühen Bronzezeit bekannt. Gefäße aus Glas gab es erstmals in der Römerzeit. Auch Wein wurde schon damals gelegentlich in Glasbehältern aufbewahrt. Die ersten, eigens für die Lagerung und den Transport von Wein konstruierten Flaschen stammen aus dem 14. Jahrhundert, als die venezianische Glasindustrie blühte. Zu dieser Zeit war Glas ein Symbol des Reichtums wie z. B. Gold oder Silber. Da das Glas dünn und zerbrechlich war, wurde es mit Bast umflochten. So entstanden die ersten »fiaschi«-Bastflaschen. Die stabile Weinflasche wurde um 1640 im englischen Newcastle erfunden, einem Zentrum der prosperierenden Glasindustrie. »Und was sie aus den Gluten heben, darf man bewundern, mit ihm handeln«, so besangen die Glasbläser damals ihr neues Produkt.

Da die Londoner Weinhändler unterschiedliche Flaschengrößen benötigten, wurden ihre Flaschen mit Lack versiegelt. Das Siegel zeigte den Flascheninhalt an, um Betrügereien zu vermeiden. Allerdings war nur guter Wein dafür bestimmt, »auf die Flasche zu kommen«, wie die Händler noch heute sagen. Gemeiner Wein wurde in Steinkrügen, Zinnkannen, Tonkrügen oder Holzfässern aufbewahrt und daraus auch getrunken. Heute haben Plastikschläuche und Tetrapaks diese Gefäße ersetzt.

Der Flaschenhals

Das genialste Detail der Flasche. Er hält die Kontaktfläche zwischen Flüssigkeit und Luft klein und ermöglicht es, einen Korken zum Verschließen der Flasche zu verwenden.

Der Korken

Altmodisch, aber bis heute unersetzbar. Kork ist nahezu luftundurchlässig. Dank seiner Elastizität schmiegt er sich so eng an den Flaschenhals an, dass keine Flüssigkeit austreten kann. Und Kork ist haltbar. Gute Korken halten bei ausreichender Luftfeuchtigkeit im Keller mindestens 25 Jahre lang.

Die Kapsel

Nützliche, aber nicht notwendige Beigabe zur Weinverpackung. Sie ziert die Flasche und dokumentiert ihre Unversehrtheit, schützt darüber hinaus aber auch den Korken vor der Korkmotte und verhindert bei längerer Lagerung die Verdunstung des Weins. Kapseln werden heute aus Zinn, Aluminium oder Kunststoff hergestellt. Bleikapseln werden nicht mehr verwendet.

Wein – eine sensible Materie

Wein ist kein lebendiges, aber ein empfindliches Produkt. Wein scheut das Licht und liebt die Kühle. Eine hohe Luftfeuchtigkeit ist ihm ebenfalls willkommen. Räume, die die Menschen frösteln machen oder ihnen Unbehagen bereiten, sind für ihn ideal. Nur gibt es solche Räume höchstens auf alten Schlössern mit Gewölbekeller. Moderne Weinkeller können, wenn sie intelligent gebaut werden, ihnen jedoch nahe kommen.

1 Lagertemperatur

Ideal ist eine Lagertemperatur von 12 °C bis 14 °C. Der Grund für die Festlegung ist eher praktischer Natur: Wenn eine Flasche mit dieser Temperatur aus dem Keller geholt wird, ist der Wein nahezu servierfähig. Tatsächlich liegt Wein bei Temperaturen zwischen 6 °C und 18 °C richtig. Auch bei Temperaturen um 20 °C nimmt der Wein keinen Schaden. Allerdings verdunstet der Alkohol bei höheren Temperaturen schneller. Bei Dauertemperatur von über 25 °C kann er sein Aroma verändern und einen »Kochton« (z. B. wie bei gekochten Früchten) annehmen.

2 Lagerposition

Bei jahrelanger Lagerung sollten die Flaschen liegend aufbewahrt werden. Der Korken muss von Flüssigkeit umspült werden, damit er nicht austrocknet. Bei kurzfristiger Lagerung können Flaschen auch stehend aufbewahrt werden.

3 Abschirmung vor Licht

Ein guter Weinkeller hat keine Fenster. Licht schadet dem Wein – auch wenn die meisten Flaschen heute aus grünem oder braunem Glas gezogen sind, die das Licht filtern. Wein, der regelmäßig dem Licht ausgesetzt ist, oxydiert schneller. Der Gehalt an Ascorbinsäure sinkt. Es entsteht Dioxymaleinsäure. Sie bewirkt eine Autooxydation der Weinsäure. Resultat: Die Weine werden firnig, ihre Farbe verändert sich.

4 Luftfeuchtigkeit

Auch wenn der Wein fest mit einem Korken und einer Kapsel verschlossen ist, findet ein minimaler Luftaustausch zwischen dem Inneren der Flasche und der Umgebung statt. Bei zu trockener Luft verdunstet die Flüssigkeit rascher als bei gut durchfeuchteter Luft. 80 bis 85 Prozent Luftfeuchtigkeit sind daher ideal. Gemessen wird die Luftfeuchtigkeit mithilfe eines Hygrometers.

5 Temperaturschwankungen

Die Idealtemperatur ist eine konstante Temperatur. Zumindest sollten die Schwankungen nicht zu groß sein. Mit jedem Grad, um den sich der Wein erwärmt, dehnt er sich in der Flasche aus. Mit jedem Grad, um den er sich abkühlt, zieht er sich zusammen. Kleine, langsame Temperaturveränderungen hält der Wein eher aus als plötzliche Sprünge. Kellerräume, die sich im Laufe eines Jahres um mehr als 8 °C erwärmen, sind für eine längere Lagerung von Wein nicht geeignet. Ein Minimax-Thermometer misst die Schwankungsbreite der Temperatur.

6 Regalsysteme

Holzregale zählen zu den Lagersystemen, die am meisten Platz sparen. Die Rautenkonstruktion schafft viele kleine Fächer und ist zugleich extrem stabil.

7 Sondergrößen

Magnum-, Doppelmagnum- und andere Sonderformate brauchen spezielle Fächer, aus denen sie einzeln entnommen werden können.

8 Spucknapf

Vor dem Servieren wird aus jeder geöffneten Flasche ein kleiner Schluck probiert, um den Zustand des Weins zu prüfen und ihn auf Fehler hin zu untersuchen. Hinterher wird der Wein ausgespuckt.

9 Kellermanager

Ein PC mit spezieller Wein-Software kontrolliert den Lagerbestand des Kellers schnell und übersichtlich. Zu den entsprechenden Programmen siehe auch Seite 108f.

10 Erschütterungsfreier Keller

Lange ruhende Weine müssen, um sich zu entwickeln, erschütterungsfrei liegen. Der Weinkeller sollte deshalb auf einem soliden Fundament errichtet sein. Erschütterungen durch Schwerlastverkehr oder wiederholte Vibrationen von Heizungsanlagen in der Nähe schaden dem Wein langfristig.

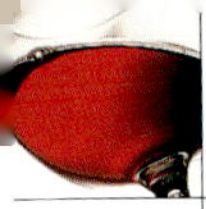

Weiß- und Rotweine

Guten Wein zu machen ist ein Handwerk, große Weine zu erzeugen eine Kunst. Tüchtige Kellermeister gelten deshalb als Künstler. Einigen setzte man sogar ein Denkmal – wie dem Champagnermönch Dom Perignon. Sie verstehen es, den Weinen Ausdruck und Schliff zu geben. Auf diese Weise sorgen sie dafür, dass bei Weintrinkern nie Langeweile aufkommt. Denn der beste Wein taugt nichts, wenn er immer gleich gut ist.

Weißweine

Weißweine werden (fast immer) aus weißen Trauben erzeugt. Sie machen derzeit etwas weniger als die Hälfte aller weltweit produzierten Weine aus. Die meisten werden jung getrunken und schmecken frisch und fruchtig. Ihre Säure ist gewöhnlich höher als bei Rotweinen, der Alkoholgehalt oft etwas niedriger.
Eine Reihe von erstklassigen Weißweinen (etwa Chardonnays aus Übersee oder Weißweine aus dem Burgund) zielen jedoch mehr auf Reife und Üppigkeit als auf Frische und Säure. Dafür haben sie teilweise über 14 Vol.% Alkohol. Die besten dieser Weine können 25 Jahre alt und älter werden. Doch auch gute, säurebetonte Weißweine (etwa große Rieslinge aus Deutschland, dem Elsass und der Wachau) haben ein langes Leben vor sich.

Roséweine

Roséweine werden aus roten Trauben gewonnen. Der Most und die (farbhaltigen) Schalen werden jedoch schon nach wenigen Stunden voneinander getrennt. Daher können nur wenige Farbstoffe in den Most übergehen. Folge: Der Wein hat eine hellrote statt eine tiefrote Farbe. Vom Typ her sind Rosés Weißweine (keine malolaktische Gärung). Industriell hergestellte Roséweine und einige Roséchampagner bestehen aus einer Mischung von Weiß- und Rotweinen.

Rotwein wird aus roten Trauben gekeltert. Das Besondere ist der erhöhte Gerbstoffgehalt.

Weißwein wird meist jung getrunken. Es gibt jedoch auch alterungsfähige Weißweine.

Perlweine

Weine mit wenig Kohlensäure, die meistens künstlich zugesetzt wird – wie beim Mineralwasser. In Frankreich steht auf dem Etikett dieser »Halbschaumweine« die Bezeichnung »pétillant« (stärker) oder »perlant« (schwächer), in Italien »frizzante«. In Deutschland heißen sie einfach Perlwein. Der Kohlensäuredruck liegt, je nach nationalen Bestimmungen, zwischen einer und 2,5 Atmosphären. Die Flaschen sind mit einem Korken verschlossen. Sie tragen kein Drahtkörbchen. Einfache Prosecco sind typische Perlweine.

Perlwein ist ein Wein mit wenig Kohlensäure, die meistens künstlich zugesetzt wird.

oséwein ist, von wenigen Ausnah-
ıen abgesehen, aus roten Trauben
ekelterter Weißwein.

WEIN UND GENUSS

Wie und zu welchen Anlässen welcher Wein getrunken wird, hat die Menschheit seit jeher beschäftigt. »Schlabber, schlabber, weg damit« antwortete der Baron Elie de Rothschild auf die Frage eines Reporters, wie er seinen wertvollen roten Lafite trinke. Und zu welchen Anlässen? Da schwieg sich der Baron aus. Statt seiner antwortete Lily Bollinger, Patronin des gleichnamigen Champagnerhauses: »Ich trinke Champagner, wenn ich lustig bin und ich trinke ihn, wenn ich traurig bin. Ich genieße ihn, wenn ich allein bin und wenn ich mich in Gesellschaft befinde. Wenn ich keinen Appetit habe, öffne ich eine Flasche, und wenn ich hungrig bin sowieso. Aber sonst rühre ich ihn nicht an – außer wenn ich Durst verspüre.«

Rotweine

Rotweine werden immer aus roten Trauben erzeugt. Die meisten Rotweine sind schwerer als Weißweine, besonders wenn sie aus südlichen Anbauländern kommen. Es gibt aber auch leichte Rotweine, etwa Beaujolais, Kalterer See oder deutscher Dornfelder.

Das Besondere am Rotwein sind seine Gerbstoffe. Gerbstoff sitzt in den Schalen der Weinbeeren und wird bei der Vergärung extrahiert. Gerbstoffreiche Weine (etwa Bordeaux, Brunello di Montalcino, Barolo, Rioja) zeigen neben ihrem fruchtigen Primäraroma auch häufig würzige (Gewürznelken, Zimt, schwarzer Pfeffer), balsamische (Pinienharz, Vanille, Leder) oder vegetabile Sekundäraromen (Eukalyptus, Minze, Tabak). Viel Gerbstoff bedeutet, dass die Weine im Holzfass reifen müssen und sich später in der Flasche lange verfeinern können.

Die Spezialweine

Spezialweine kommen meist aus speziellen Anbaugebieten. Sie werden nach speziellen Verfahren erzeugt und zu speziellen Anlässen getrunken. Am Anfang stand fast immer der Zufall. Doch dann erkannten Tüftler, Gelehrte und Alchimisten die Gesetze, die hinter dem Zufall standen.

Schaumweine

Schäumende Weine herzustellen gelang erst, nachdem eine dickwandige Flasche erfunden worden war, die dem Druck der Kohlensäure standhält. So wurde der Champagner geboren. Die Perlen, sagen die Franzosen, verstärken das Bouquet und verfeinern den Geschmack. Andere Länder haben eigene Schaumweine: Spanien seinen Cava, Italien seinen Franciacorta (und andere Spumanti), Deutschland und Österreich ihre Sekte.
Neben dem Champagner besitzt Frankreich noch zahlreiche Crémants – Schaumweine mit sanfter Kohlensäure. Der Kohlensäuredruck eines Crémant liegt bei etwa 3 Atmosphären, während er beim Champagner bei 5 bis 6 Atmosphären liegt. Das ist der dreifache Druck eines Autoreifens. Allerdings werden einfache Schaumweine und Sekte aus Preisgründen heute nicht in der Flasche, sondern in druckstabilen Edelstahltanks vergoren.

Edelsüße Weine

Meist aus weißen Trauben hergestellte, konzentriert-süße Weine, die zu den teuersten der Welt gehören. Mit den lieblich-süßen Weinen haben sie nichts zu tun. Sie werden ganz oder teilweise aus eingeschrumpelten Trauben erzeugt, die von der Edelfäule befallen wurden und nur noch wenig Saft enthalten. Die berühmtesten edelsüßen Weine sind der ungarische Tokajer, die deutschen und österreichischen Beeren- und Trockenbeerenauslesen, die Elsässer Sélections de Grains Nobles, die Sauternes aus Bordeaux, die Monbazillac

Likörwein ist kein Schnaps, sondern der Oberbegriff für alle Weine mit mindestens 15 Vol.% Alkoholgehalt.

Portwein ist ein edler portugiesischer Rotwein, der mit Weinbrand »aufgespritet« wird.

Sherry ist ein klassischer Aperitifwein, der mit Weinbrand »aufgespritet« wird.

Schaumwein ist Wein mit natürlicher Kohlensäure: Sekt, Cava, Champagner, teilweise auch Prosecco.

aus Bergerac und die Quart-de-Chaumes von der Loire. Die Weine selbst enthalten keine Fäulnispilze und keinen Fäulnisgeschmack.

Sherrys

Die Andalusier trinken Sherry zu Garnelen. Außerhalb Spaniens zählt Sherry zu den klassischen Aperitifweinen. Er wird aus weißen Trauben hergestellt. Die trockene Variante heißt »Fino« oder »Manzanilla« und verfügt über ein würzig-salziges Aroma. Sherry wird mit Weinbrand verschnitten. Ein guter Sherry kommt damit auf etwa 16 Vol.% Alkohol. Süße Sherrys, »Oloroso« genannt, liegen sogar bei 18 Vol.%. Sie besitzen eine dunkle Farbe und einen karamellig-würzigen Geschmack.

Likörweine

Likörwein ist der Oberbegriff für alle Weine mit mindestens 15 Vol.% tatsächlichem Alkohol. Dazu gehören neben den gespriteten Weinen (Portwein, Sherry, Madeira, Banyuls, Marsala) vor allem konzentriert süße Weine aus warmen Anbaugebieten, die aus Trauben, die überreif gelesen wurden, oder aus Trauben, die auf Stroh gedörrt wurden, hergestellt sind. Der bekannteste Likörwein ist der toskanische Vin Santo. Aber auch in Frankreich, Spanien und in den überseeischen Ländern werden Likörweine erzeugt – teilweise durch Zusatz von süßen Traubenmost.

Portweine

Port ist ein süßer portugiesischer Rotwein, der durch die Zugabe von Weinbrand »aufgespritet« wird. Er weist dann etwa 18 bis 20 Vol.% Alkohol auf: ein schwerer, feurig-fruchtiger, in seinen besten Qualitäten hochfeiner Wein. Jahrgangsports können auf der Flasche 100 Jahre alt werden. Die Farbe reicht von dunkelrot in der Jugend bis mahagonibraun im Alter.

Das Öffnen der Weinflasche

Das Öffnen einer Weinflasche ist mehr als nur ein technischer Vorgang. Es ist der letzte Handgriff vor dem großen Finale. Also vor dem Punkt, an dem der Wein nach stürmischer Gärung und oftmals langen Jahren der Reifung im Fass endlich sein Geheimnis preisgibt.

Das Entfernen der Kapsel

Kapseln sind Ansichtssache. Sie schmücken vor allem die Weinflasche. Die meisten Kapseln bestehen aus Kunststoff oder Stanniol. Sie richtig zu entfernen ist nicht immer einfach. Aber auch nicht wirklich schwer – wenn man das richtige Werkzeug besitzt.

Der Kapselschneider ist die Erfindung eines texanischen Millionärs. Weinfreunde in aller Welt sind ihm dafür dankbar.

Der Kapselschneider

Mit dem Gerät lässt sich jede Kapsel schnell, bequem und beinahe spielerisch entfernen. Der Kapselschneider wird einfach auf den Flaschenkopf gesetzt und gedreht. Die rollenden Messer im Schneidebogen trennen die Kapsel sauber durch, egal aus welchem Material diese ist. Danach lässt sich der Kapselhut einfach abnehmen. Der Kapselschneider ist auch für Magnumflaschen geeignet und kostet nur ein paar Euro. Einziger Nachteil: Man muss ihn stets bei sich haben. Manche Korkenzieher haben auch einen integrierten Kapselschneider. Wenn nicht, muss das Messer angesetzt werden. Aber wie? Vor allem wo? Der Kapsel ist es gleichgültig, aber nicht dem Wein.

Kunststoffkapsel mit Lasche: Die Lasche mit dem Fingernagel von der Kapsel lösen, rundherum aufreißen. Der Kapselhut fällt ab.

Stanniolkapsel mit Perforation: Lasche mit dem Fingernagel herausbiegen. Vorsichtig rundherum aufreißen. Kapselhut abnehmen.

Messerschnitt: Mit glatter Schneide am oberen Rand der Bandmündung ansetzen, leicht andrücken und die Flasche dabei drehen. Der Kaspelhut lässt sich abheben.

Ungeschickt: Messer am unteren Rand der Bandmündung ansetzen. Der Kapselhut lässt sich hinterher nur schwer abnehmen.

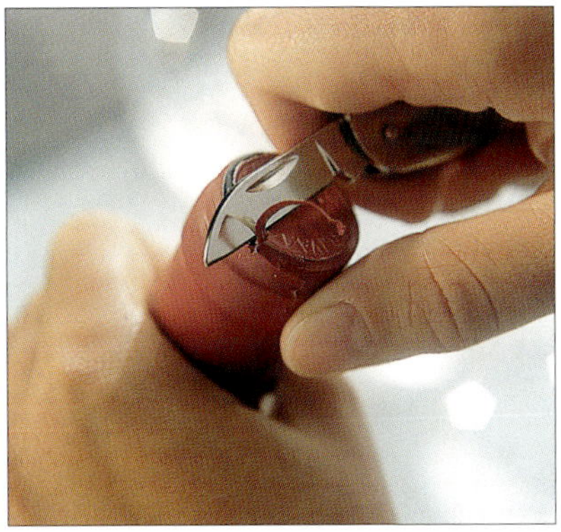

Gefährlich: Messer am Flaschenmund ansetzen. Beim Einschenken fließt Wein über den Schnittrand und Metallpartikel können so ins Glas gelangen.

Hässlich: Kapsel gar nicht abschneiden, sondern beim Herausdrehen des Korkens einfach sprengen und hinterher abreißen.

KAPSEL-RECYCLING

Die Stanniolkapsel ist die umweltfreundlichste Kaspelvariante. Stanniol (dem Lateinischen entlehnter Ausdruck für Zinn) kann nämlich zu fast 100 Prozent recycelt werden. Bei einem Preis von knapp 5 Euro pro Kilogramm Zinn lohnt es sich, die Stanniolreste geleerter Weinflaschen zu entfernen und zu sammeln. Aber auch das Einschmelzen des Flaschenglases samt Kapselresten belastet die Umwelt nicht, da keine giftigen Gase entstehen – im Gegensatz etwa zum Verbrennen von PVC oder Polyester. Da Zinn schon bei 200 °Celsius pulverisiert, kann es beim Einschmelzen des Glases (Schmelzpunkt: ab 850 °Celsius) leicht »aussortiert« und nach der Erkaltung wieder verwendet werden.

Die Funktion der Kapsel

Die Kapsel soll die Unversehrtheit des Weins garantieren – im Zeitalter der Weinfälschungen eine zunehmend wichtige Aufgabe. Außerdem verlangsamt sie den Gasaustausch zwischen dem Flascheninhalt und der Außenwelt. Schließlich kann die Kapsel den Wein vor einem gefährlichen Schädling schützen: der Korkmotte.

Kapselmaterialien

Wertvolle Weine tragen fast immer eine Kapsel aus Zinn. Zinn hat seit 1990 schrittweise die traditionelle Bleikapsel abgelöst (die verharmlosend Stanniolkapsel hieß: Stanniol ist der lateinische Name für Zinn). Daher tragen heute nur noch Weine alter Jahrgänge eine Bleikapsel. Zinn ist zwar auch ein Schwermetall, aber kein toxisches – im Gegensatz zu Blei. Zinn ist weich, leicht formbar und schmiegt sich so fest an den Flaschenhals an, dass es den Wein fast luftdicht abschließt. Zinnkapseln haben nur einen Nachteil: Sie sind teuer. Billiger sind Aluminiumkapseln. Sie schützen den Korken ebenfalls sehr gut. Doch Aluminium ist ein Leichtmetall. Es strahlt nicht dieselbe Wertigkeit aus wie Zinn, und durch die scharfen Schnittkanten kann man sich beim Öffnen verletzen.

Das Gros handelsüblicher Weine ist jedoch mit Kapseln aus Polyethylen, PVC und PET versehen. Diese Verschlussarten sind am billigsten, bergen allerdings das Risiko zu platzen (bei Wärme) oder rissig zu werden (bei Kälte). In den letzten Jahren haben sich vor allem Kapseln aus mit einer PVC-Folie verschweißtem Aluminium (Aluminium-Laminat) durchgesetzt.

Einfluss auf Wein

Seit 1960 wird geforscht, ob von Metallkapseln eine Gefahr für den Wein ausgeht. Alle Untersuchungen haben gezeigt, dass innerhalb einer Lagerzeit von zehn Jahren praktisch keine Partikel von der Bleikapsel in den Wein übergehen.

Nach zehn Jahren hingegen kann der Wein einen höheren Bleigehalt aufweisen als zu Beginn der Lagerzeit: wenn etwa der Korken zu kurz und stark durchnässt ist und die dünne Zinnschicht, mit der auch Bleikapseln überzogen sind, zerstört wurde. Gesundheitlich bedenklich ist der Schwermetallgehalt jedoch nicht. Der Geschmack wird ebenfalls nicht beeinträchtigt. Bei den modernen Zinnkapseln ist die Möglichkeit einer Schädigung des Weins noch geringer. Säuren und Alkohol greifen Zinn nicht an und anorganische Zinnverbindungen sind nicht giftig. Zudem werden Lagerweine heute mit längeren Korken als früher ausgestattet.

Flaschenkapseln: Die meisten sind aus Kunststoff, die besten aus Stanniol.

Ungelochte Kapsel: Schließt, wenn sie fachgerecht aufgebracht wird, die Flasche nahezu luftdicht ab. Vorteile: geringerer Schwund in der Flasche und Schutz vor der Korkmotte.

Schmant: Wenn Wein auf die verholzten Lentizellen des Korkens trifft, bildet sich eine schmierige Substanz. Sie beeinträchtigt den Wein nicht, muss aber entfernt werden.

Gelochte Kapsel: Hat den Vorteil, dass Feuchtigkeit verdunsten kann und sich kein Schmant bildet. Nachteil: Die Korkmotte kann ihre Eier unter der Kapsel ablegen.

Schimmel: In feuchten Kellern kann sich unter gelochten Kapseln Schimmel bilden. Er beschädigt weder den Korken, noch beeinträchtigt er den Geschmack des Weins.

DIE KORKMOTTE

Die Korkmotte (»Nemapogon cloacellus«) ist ein maximal 7 mm langer Kleinschmetterling. Sie liebt dunkle, feuchte Räume und gehört zur Fauna eines jeden Weinkellers. Ihre Eier legt sie auf der Korkenoberfläche ab. Ein entschlüpfter Korkwurm frisst sich in den Korken, so dass dieser undicht wird, nässt oder schimmelt. Zunehmend höhere Temperaturen in Weinkellern haben die Vermehrung der Korkmotte in letzter Zeit stark begünstigt. Gleiches gilt für die Kellermotte (»Dryadaula pactolia«) und die Weinmotte (»Oenophilia v-flavum«). Letztere bevorzugt trockene Keller. Der beste Mottenschutz für Weine sind ungelochte Kapseln.

Wie der Korken richtig gezogen wird

Einen Korken elegant und sauber aus dem Flaschenhals zu ziehen, kann ein Kraftakt sein – vor allem, wenn geeignetes Werkzeug fehlt. Mit modernen Korkenziehern ist das Öffnen der Flasche dagegen eine lockere Übung – vorausgesetzt, sie werden richtig gehandhabt.

Griff und Spindel

Die Handhabung eines Korkenziehers ist den Menschen nicht angeboren. Sie muss erlernt werden. Erlernen heißt in diesem Fall, nicht mit dem Muskeltraining zu beginnen, sondern sich nach einem geeigneten Korkenziehermodell umzusehen.
Jahrzehntelang wurde um das Gerät nicht viel Aufhebens gemacht. Es musste nur zwei Dinge aufweisen: eine Spindel und einen Griff. Die Spindel wurde in den Korken gedreht, am Griff wurde gezogen. Eine scheinbar einfache Operation.
Millionen von Korken dürften beim Hineindrehen der Spindel in die Flasche gedrückt, unzählige durch übermäßigen Krafteinsatz beim Herausziehen zerstört worden sein. Denn Korken können sehr fest im Flaschenhals sitzen. Sie sind um ein Drittel ihres Durchmessers zusammengepresst worden, als die Flasche verkorkt wurde. Die »Rückstellkraft«, mit der sie gegen das Glas drücken, ist größer als der Druck eines Autoreifens. Außerdem sind die meisten Korken mit einem Gleitwachs beschichtet. Unter normalen Bedingungen erleichtert es das Herausziehen des Korkens. Doch wenn der Wein zu großer Wärme ausgesetzt war, kann das Wachs auch wie ein Klebstoff wirken.

Auf die Zugwirkung kommt es an

Heute gibt es ein breites Angebot von Korkenziehern. Keiner ist perfekt. Doch einige kommen dem Zustand der Perfektion ziemlich nahe. Allerdings weisen sie mehr als nur Griff und Spindel auf. Auf jeden Fall lässt sich ein guter Korkenzieher leichthändig bedienen.
Ohne ziehen zu müssen, soll der Korken sanft und sicher aus dem Flaschenhals gleiten. Sanft, denn ein lautes »plopp« kann dem Wein schaden. Der ruckartige Druckausgleich in der Flasche und die plötzliche Sauerstoffzufuhr stressen gute Weine.
Bei dem links abgebildeten Modell besteht diese Gefahr nicht. Die Flasche kann während der Zugwirkung sogar auf dem Tisch stehen bleiben. Eine Hand drückt die beiden Zungen an den Flaschenhals, die andere dreht am Griff.

Leichthändig lässt sich ein guter Korkenzieher bedienen. Der Korken gleitet langsam, sanft und sicher aus der Flasche.

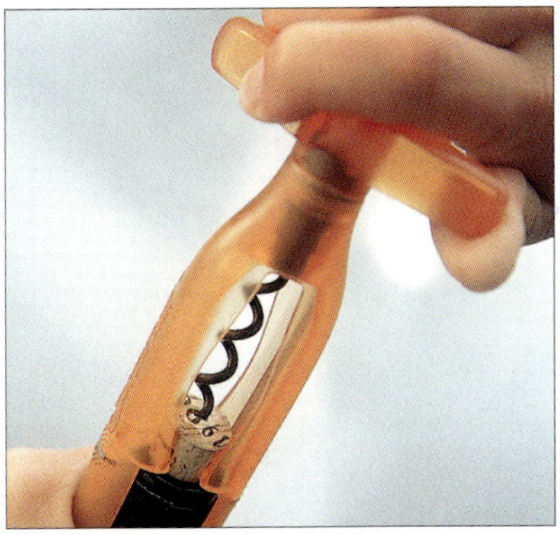

Richtig: Die Spindel wird senkrecht zum Korken angesetzt und in der Mitte der Korkenoberfläche hineingedreht.

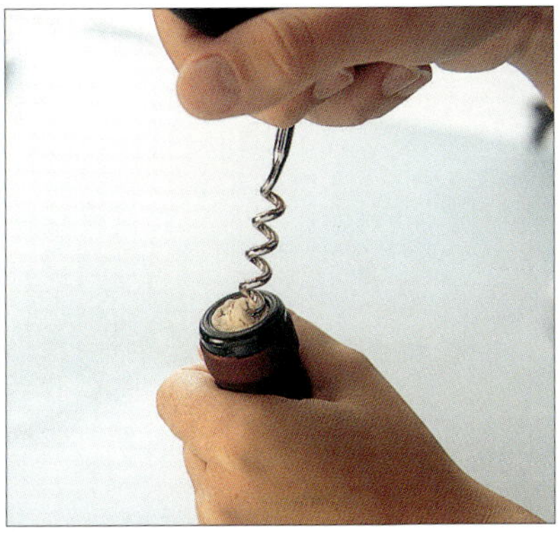

Falsch: Die Spindel ist nicht senkrecht angesetzt und bohrt sich schief in den Korken. Der Korken zerbröselt beim Herausziehen.

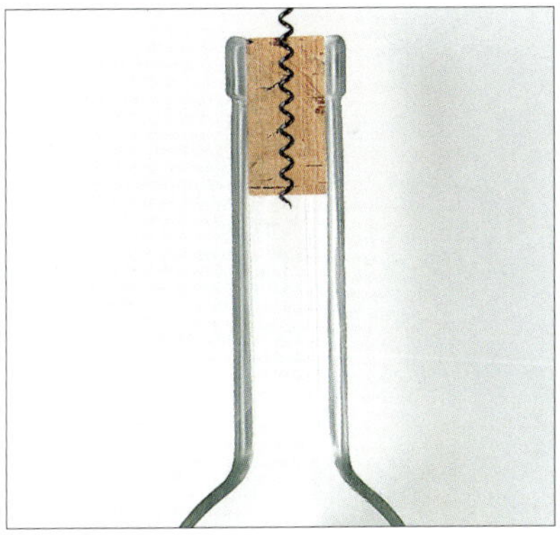

Richtig: Die Spindel muss den Korken ganz durchdringen. Nur dann lässt er sich leicht ziehen. Am verringerten Widerstand spürt man, wann die Spindel den Korken durchbohrt hat.

Falsch: Der Korken ist lang und die Spindel zu kurz, um ihn zu durchdringen. Folge: Festsitzende Korken lassen sich nur schwer ziehen und zerbröseln leicht.

Richtig: Um die Flasche mit einem T-Korkenzieher zu öffnen, hält man sie vor den Unterkörper und zieht den Korken langsam und mit sanfter Oberarmkraft aus dem Flaschenhals.

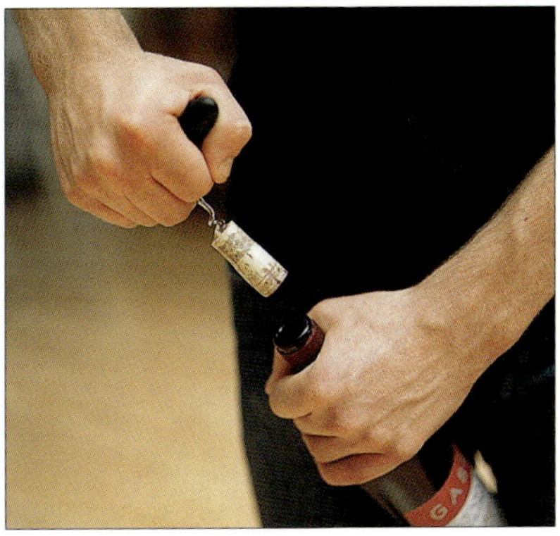

Falsch: Der Korken wird mit voller Wucht aus der Flasche gezogen. Durch den plötzlichen Wechsel von Unterdruck (beim Ziehen) zu Normaldruck (nach dem Öffnen) leidet der Wein.

DIE SPINDEL

Das wichtigste Detail des Korkenziehers ist die Spindel. Sie muss erstens lang genug sein, um auch die längsten handelsüblichen Korken ganz durchdringen zu können (60 Millimeter). Zweitens darf die Spindel nicht zu dick sein, damit die Korkzellen beim Eindrehen nur wenig beschädigt werden. Hochwertige Korkenzieher sind zudem elastisch und mit Teflon beschichtet, damit sie leicht durch den Kork gleiten. Bei Drehkorkenziehern kommt es außerdem darauf an, dass die Spindel viele Windungen aufweist.

Je mehr Windungen die Spindel besitzt, desto leichter lässt sich der Korken ziehen. Schließlich sollten die Windungen der Spindel so weit sein, dass sich in der Mitte ein Streichholz durchführen lässt. Bei einer solchen Spindel ist die Gefahr, dass der Korken beim Ziehen bricht, gering.

Abgebrochener Korken – was nun?

Manche Korken brechen beim Öffnen der Flasche ab. In aller Regel liegt es daran, dass der Korkenzieher schief angesetzt oder nicht in vollständiger Länge in den Korken gedreht wurde. Aber manchmal zerbröseln Korken auch beim Ziehen, weil sie alt und trocken sind. Für Profis mit Spezialwerkzeugen ist das alles kein Problem, für jeden anderen Weintrinker grenzt das an einen GAU.

Keine Katastrophe

Für normale Weintrinker kommt das Abbrechen des Korkens oft einer Katastrophe nahe. Mit Stricknadel oder Scherenspitze rücken sie dem abgebrochenen Restkorken zu Leibe, um ihn aus dem Flaschenhals zu entfernen. Dabei zerlegen sie ihn meist so vollständig, dass die Oberfläche des Weins hinterher mit einer dichten Schicht Korkstaub bedeckt ist und sie nicht wissen, ob sie den Wein überhaupt noch genießen können. Dabei muss der »größte anzunehmende Unfall« nicht zwangsläufig auch als solcher enden. Es gibt mehrere Wege, einen abgebrochenen Korken behutsam aus dem Flaschenhals zu befördern. Oberstes Gebot ist, ihn nicht weiter zu beschädigen, um ihn möglichst am Stück heraus zu bekommen. Freilich ist der Korkenzieher dafür nicht immer das Gerät der ersten Wahl. Bei durchnässten, alten oder brüchigen Korken empfiehlt sich die Korkenspange. Ist sie nicht zur Hand, gibt es andere Methoden, den Flaschenhals frei zu kriegen. Sie erfordern ein bisschen Geschick und viel Geduld.

Wer sich dennoch nicht zu helfen weiß und den Restkorken gewaltsam zerbröselt, sollte wenigstens wissen, wie er hinterher den Korkstaub wieder aus der Flasche bekommt: Er gießt einfach eine geringe Menge Wein ab (entweder in den Ausguss oder in ein separates Glas). Meist werden die Korkreste, die auf der Oberfläche schwimmen, schon mit den ersten Tropfen weggespült. Der restliche Wein ist dann frei von Korkbröseln.

Korken, die von quer laufenden Lentizellen durchzogen sind, brechen leicht ab.

Zweiter Versuch: Ist der Korken im oberen Bereich abgebrochen und sitzt noch fest im Flaschenhals, kann man den Korkenzieher erneut ansetzen.

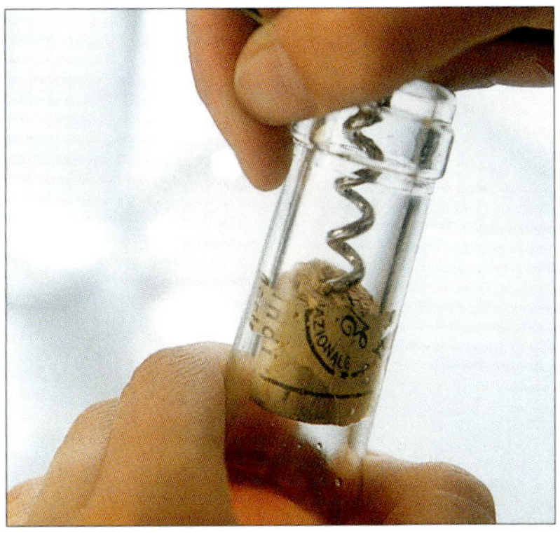

Risikoreich: Wenn der Korken im unteren Bereich abgebrochen ist, besteht die Gefahr, dass er in die Flasche fällt, wenn der Korkenzieher nochmals angesetzt wird.

Sicher: Die Korkenspange befördert abgebrochene Korken sicher aus dem Flaschenhals. Die Federn werden vorsichtig zwischen Korken und Glas geschoben.

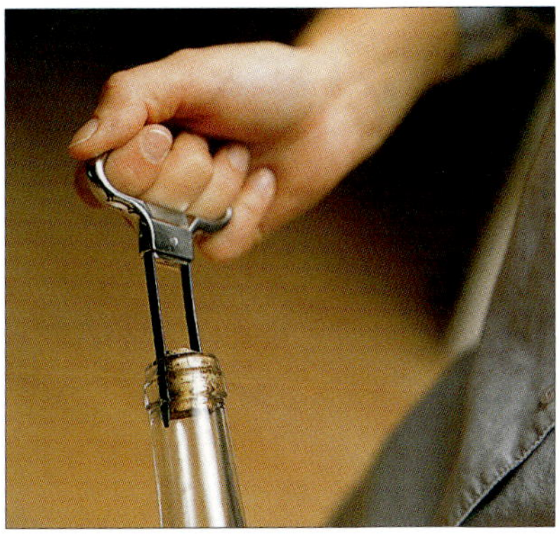

Geschickt: Dann wird der Korken mit geschickten Drehbewegungen aus dem Hals gezogen. Eventuell muss man nochmals nachfassen.

Notfall: Der festsitzende Restkorken wird mit einem Teelöffelstiel zurück in die Flasche gedrückt. Vorsicht: Bei vollen Flaschen kann Wein herausspritzen.

Umschütten: Einen Wein, in dem ein Restkorken schwimmt, schüttet man in eine Dekantierkaraffe um. Mit einem Teelöffelstiel sorgt man dafür, dass er nicht den Ausfluss blockiert.

DIE »HEBAMME« HILFT

»Hebamme« heißt das sperrige Gerät, mit dem Korkenreste aus dem Wein gefischt werden können. Es ist nur in Spezialgeschäften erhältlich. Durch Verschieben des Rings am Hals lassen sich die Fangarme öffnen und schließen. Wer geduldig und geschickt ist, greift sich die im Wein schwimmenden Korkpartikel und befördert sie durch den Hals aus der Flasche. Bei abgebrochenen Restkorken versagt die Hebamme jedoch. Sie passen nicht durch den Flaschenhals. Und für Mini-Brösel oder Korkstaub sind die Fangarme der Hebamme sowieso zu grob.

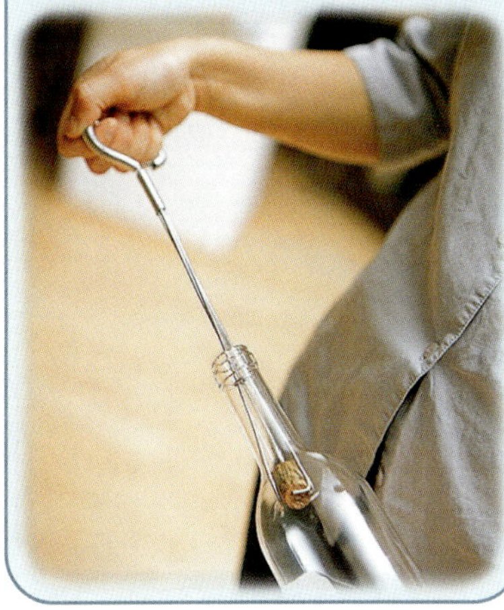

Korkenzieher – die Klassiker

Ohne Korkenzieher müssten Weinflaschen zerbrochen werden, um an ihren Inhalt zu gelangen. Doch die Auswahl an Korkenziehern ist groß. Es gibt sogar mehr als nützlich sind. Die meisten sind umständlich, sperrig und kraftaufwändig. Nur wenige sind wirklich empfehlenswert. Und die ziehen den Korken nicht, sondern heben oder hebeln ihn aus dem Flaschenhals.

Kellnermesser

Das einfachste, sicherste und international verbreitetste Korkenhebermodell. Die Spindel wird ausgestellt und so tief in den Korken gedreht, bis die Kerbe am Stemmfuß an den Flaschenmund anschlägt. Dann wird der Korken aus der Flasche gehebelt. Mittlere Kraftanstrengung und ein wenig Geschicklichkeit sind freilich nötig. Integriertes Kapselmesser. Nachteil: Die Spindel ist oft zu kurz, lange Korken müssen zweimal gehebelt werden.

+ +	handlich
+ +	bruchsicher
+	einfach zu bedienen
–	kraftschonend
+ +	preiswert

Pulltap

Verfeinerte Version des Kellnermessers, von französischen Sommeliers erfunden. Die Besonderheit besteht darin, dass der Stemmfuß zweigliedrig ist und dementsprechend zwei Kerben in unterschiedlicher Höhe aufweist. Dadurch können auch lange Korken in einem Zug aus der Flasche entfernt werden. Vorteil: Der Pulltap verfügt über ein integriertes Kapselmesser.

+ +	handlich
+ +	bruchsicher
+	einfach zu bedienen
+	kraftschonend
+ +	preiswert

Screwpull-Elite

Einer der besten und durchdachtesten Korkenheber der Welt. Er stammt aus Frankreich und wird einfach auf die Flasche gesetzt. Dann dreht man die Spindel solange in den Korken, bis dieser sich von selbst hebt und sicher aus dem Flaschenhals gleitet. Vorteile: Lange, elastische, teflonbeschichtete Spindel, Windungen mit großem Radius und integrierter Kapselschneider. Nachteil: Eignet sich nicht für Flaschen mit Tellermündung.

+	handlich
+	bruchsicher
+ +	einfach zu bedienen
+ +	kraftschonend
+	preiswert

T-Korkenzieher

Einfachstes aller Korkenzieher-Modelle, das es in zahlreichen Versionen gibt: mit Holzgriff, in Sterling-Silber, mit Griff aus Rebenholz, aus Buchsbaum, aus Horn, aus leuchtfarbenem Kunststoff. Ebenso unverwüstlich wie unpraktisch, ist er nur mit erheblichem Kraftaufwand zu bedienen. Ergonomie-Experten haben errechnet, dass mindestens 25, maximal 40 Kilopond Kraft angewendet werden müssen, um den Korken mit diesem Modell aus der Flasche zu holen.

- + handlich
- + + bruchsicher
- − einfach zu bedienen
- − − kraftschonend
- + + preiswert

Schmetterling

Sperriges, aber sehr populäres Nachkriegsmodell, das früher in keinem Haushalt fehlte und somit Generationen von Weintrinkern vertraut ist. Auch heute entkorken viele ihre Weinflaschen mit diesem Gerät sicher und relativ kraftsparend. Der Fuß wird punktgenau auf den Korken aufgesetzt. Das Hineindrehen der Spindel verlangt jedoch einige Verrenkungen, da die Flasche auf dem Tisch und damit viel zu hoch steht. Vorteil: Sanftes Entkorken garantiert.

- − handlich
- + bruchsicher
- + einfach zu bedienen
- + + kraftschonend
- + preiswert

Bottlepull

In Österreich entwickelter Korkenheber, der sich durch einfache Funktionsweise, relativ leichte Bedienung und gutes Preisleistungsverhältnis auszeichnet. Die dünne Edelstahlspindel mit ihrem relativ breiten Durchmesser vermag auch festsitzende Korken zu heben. Vorteile: Integriertes Kapselmesser mit geriffelter Schneide, die vor allem Kunststoffkapseln gut entfernt. Der Dreharm ist abnehmbar und so leicht verstaubar, guter Korkenzieher für unterwegs.

- + + handlich
- + bruchsicher
- + + einfach zu bedienen
- + + kraftschonend
- + + preiswert

Hightech-Korkenzieher

Die einfachsten Korkenzieher sind keineswegs immer die besten. Sie strapazieren den Bizeps und stressen den Wein mit einem lauten »plopp«, wenn die Flasche den Korken freigibt. Andererseits sind manche Korkenzieher oder Korkenheber, die den Stopfen leise, sanft und schonend entfernen, geradezu monströse Instrumente, die zur Aufbewahrung eine Küchenschublade für sich allein beanspruchen.

Korkenspange

In Amerika entwickelter Korkenzieher, der vor allem bei alten, bröselnden und stark durchnässten Korken gute Dienste leistet. Die beiden Spangen werden bis zum Anschlag zwischen Glas und Korken geschoben. Durch die unterschiedliche Länge der Spangen wird der Korken beim Ziehen sicher gefasst und lässt sich vorsichtig aus dem Flaschenhals befördern, notfalls bei leichtem Drehen. Nachteil: Das Einführen der Spangen verlangt etwas Geschick.

- + + handlich
- + + bruchsicher
- − einfach zu bedienen
- − kraftschonend
- + + preiswert

Cork Pops 2

Treibgas-Korkenheber, der nur mit teurer Druckpatrone funktioniert. Die Edelstahlkanüle wird senkrecht durch den Korken gebohrt. Die Spitze muss am unteren Ende wieder austreten. Durch Daumendruck auf die Patrone strömt Gas aus der Kanüle und der Überdruck presst den Korken hoch. Funktioniert sicher, schnell und ohne Mühe. Nachteile: Der Korken ist schwer von der Kanüle zu lösen und bei unsachgemäßer Anwendung besteht Verletzungsgefahr.

- − handlich
- + bruchsicher
- − einfach zu bedienen
- + + kraftschonend
- − − preiswert

Winemaster VacuVin

Dieser Hightech-Korkenzieher der Firma VacuVin ist riesengroß, aber bis ins Detail durchdacht. Das Gerät wird auf der Flasche fest montiert. Durch Niederdrücken der kleinen Hebel gleitet die Spindel sanft in den Korken, die großen Hebel ziehen ihn heraus. Beim Zurückklappen der Hebel wird der Korken von der Spindel gelöst. Nachteile: Lange Korken bereiten Probleme und nach ca. 800 Korken muss die Spindel erneuert werden.

- − − handlich
- + + bruchsicher
- + + einfach zu bedienen
- + + kraftschonend
- − − preiswert

Puigpull

Ein aus Spanien stammender Korkenheber, der eine Weiterentwicklung des Kellnermessers darstellt. Mit Hilfe der gezackten Schiene wird der Korken – statt in einem Zug – in mehreren Hebelgängen aus dem Flaschenhals befördert. Dadurch ist der Kraftaufwand für das Entkorken nur gering. Integriertes Kapselmesser. Nachteile: Die Bedienung verlangt etwas Übung, die Spirale ist zu kurz.

- + + handlich
- − bruchsicher
- − − einfach zu bedienen
- + + kraftschonend
- + + preiswert

Prosecco-Korkenzieher

Das ursprünglich für Frizzante-Weine entwickelte Modell lässt sich ebenso gut für alle anderen Weine verwenden. Das Aufsetzen auf den Korken ist recht umständlich, die Flasche muss stabil stehen. Wegen seiner Größe ist das Eindrehen der Spindel in den Korken ein mühsamer Balanceakt. Das Heraushebeln des Korkens mit Hilfe des Pistolengriffs ist dafür extrem kraftschonend.

- − − handlich
- + bruchsicher
- − − einfach zu bedienen
- + + kraftschonend
- − preiswert

Leverpull

Hightech-Modell unter den Korkenhebern. Der Flaschenhals wird von der Griffzange umfasst. Die Spindel lässt sich durch Umlegen des Bügels (statt durch Eindrehen) leichthändig in den Korken versenken. Wenn der Bügel dann locker zurückgelegt wird, gleitet der Korken schnell und sicher aus der Flasche. Nachteile: Die Spindel bricht bei schneller Handhabung leicht ab (Ersatzspindel wird gleich mitgeliefert), ein integrierter Kapselschneider fehlt.

- − − handlich
- + bruchsicher
- + + einfach zu bedienen
- + + kraftschonend
- − − preiswert

Das Öffnen der Schaumweinflasche

Die Anlässe für Schaumwein sind meistens festlich – schade, dass die Vorrichtungen selbst erfahrenen Weintrinkern noch feuchte Hände bereiten. Doch gemach: Auch Fachleute sind nicht dagegen gefeit, dass der Korken manchmal allzu geräuschvoll die Flasche verlässt und der edle Wein überschäumt.

Wenn der Champagner überschäumt, wurde die Flasche zu viel bewegt oder zu hart aufgesetzt.

Wenn die Korken knallen

... und der Schaumwein in Strömen fließt, herrscht nicht immer gute Laune, sondern Panik. Ein nasses Tischtuch und erschrockene Gäste sind das geringere Übel, bespritzte Kleidung und eine nurmehr halb volle Flasche das größere Problem. Häufigster Grund für das Überschäumen: Die Flasche wurde vor dem Öffnen zu viel bewegt. Schlimmer noch: zu hart auf den Tisch aufgesetzt. Vor allem bei Schaumweinen, die vorher in der Horizontalen gelegen haben, erzeugt das harte Aufsetzen auf festen Untergrund einen enormen Druck in der Flasche. Bei vorsichtigem Hantieren und behutsamem Öffnen kann jedoch nichts passieren.

Bleibt die Frage, wie sich das Überschäumen des Glases beim Einschenken verhindern lässt. Die Antwort ist einfach: Nur halb so viel einschenken. Und: erst nachschenken, wenn sich die Mousse (der Schaum) gesetzt hat.

Schritt 1: Die meisten Schaumweine besitzen eine »Reißleine«. Ausgestanzte Lasche mit den Fingern greifen und die Kapsel entlang der Perforation aufreißen.

Schritt 2: Ertasten des unter dem Stanniol liegenden Drahtbügels, diesen mit den Fingern durch die Kapsel nach außen drücken und die Kapsel am Loch weiter aufreißen.

Schritt 3: Drahtverschluss am Bügel aufdrehen, die um den Flaschenmund laufenden Drähte lockern und das Drahtkörbchen vorsichtig abheben.

Schritt 4: Mit der einen Hand den Korken fest umklammern (ggf. mit Serviette), mit der anderen Hand die Flasche vorsichtig drehen (nicht umgekehrt).

Schritt 5: Ist der Korken gelöst, steht er sofort unter Druck. Mit dem Daumen vorsichtig Gegendruck ausüben, damit er nicht herausgeschleudert wird.

Schritt 6: Festsitzenden Korken mit der Champagnerzange zu Leibe rücken. Mit ihr darf der Korken jedoch nur gelöst werden. Das Herausdrehen geschieht dann von Hand.

WIE VERHINDERT MAN, DASS DIE FLASCHE ÜBERSCHÄUMT?

Wenn man eine Schaumweinflasche zu hart aufsetzt, schießt der Korken des edlen Tropfens unweigerlich in die Höhe. Deshalb sollte man die Flasche nie im senkrechten Zustand öffnen, sondern sie möglichst schon beim Entfernen der Kapsel und des Körbchens schräg geneigt in der Hand halten. Auch den Korken sollte man unbedingt in der Schräglage lösen. Den Schaumwein bedeckt so die größte Luftoberfläche in der Flasche. Der sich beim Öffnen als Folge des Druckausgleichs bildende Schaum setzt sich schnell wieder. Freunde des Weizenbiers sind mit demselben Effekt vertraut: Beim Einschenken wird das Glas grundsätzlich schräg gehalten, um eine zu starke Schaumbildung zu vermeiden.

Der Korken und seine Alternativen

Kork ist ins Gerede gekommen. Immer mehr Weine weisen einen unangenehmen Korkgeschmack oder Muffton auf. Viele Weinliebhaber verstehen nicht, warum Winzer einem Material vertrauen, das ihre Weine verderben kann und das eines komplizierten Werkzeugs bedarf, um die Flasche zu öffnen.

Naturkorken

Die meisten Weinflaschen sind mit einem Naturkorken verschlossen. Da er in einem Stück aus der Rinde der Korkeiche (»Quercus suber«) gestanzt wird, ist er auch der teuerste Verschluss. Grundsätzlich wird er allen Anforderungen, die an einen hochwertigen Flaschenverschluss gestellt werden, gerecht. Er presst sich fest an den Flaschenhals, ist lange haltbar, geschmacksneutral und ein Naturprodukt – wie der Wein selbst. Die Fehltöne entstehen größtenteils bei der Verarbeitung und Lagerung. Über 50 Prozent des Flaschenkorks stammt aus Portugal. Geringere Korkeichenbestände finden sich auf Sardinien, in Nordafrika, Spanien und Frankreich. Die Bäume werden auf Plantagen kultiviert, die Korkproduktion bedroht also nicht die Natur. Allerdings ist der Rohstoff durch die ständig steigende Weinproduktion knapp geworden.

Scheibenkorken

Eine Variante des Presskorkens, auf dessen Fußstück eine Naturkorkscheibe geleimt wurde. Die Scheibe mindert die Häufigkeit von Fehltönen, jedoch nur bei Weinen, die innerhalb eines Jahres getrunken werden. Kommt der Wein irgendwann mit dem Presskork in Berührung, steigt die Rate der Fehltöne wieder an.

Presskorken

Die billigste Korkenvariante besteht aus Resten an Korkrinde, die granuliert und zusammengeleimt werden. Presskorken fallen am häufigsten durch Muff- oder Korktöne auf und ihre Produktion hat sich in den letzten zehn Jahren nahezu verdoppelt.

Zumal es Flaschenverschlüsse gibt, die leichter zu bedienen und überdies sicherer sind. Technisch ist der Korken ersetzbar geworden. Doch psychologisch nicht. Für die Mehrheit der Weintrinker ist der Korken heilig.

Kunststoff-Stopfen

Verschlüsse aus Polyethylen fanden in den letzten Jahren weite Verbreitung. Vor allem in Amerika, aber auch in Italien und Spanien sind viele einfache Weine mit diesen bunten Stopfen versehen worden. Sie sind lecksicher, nicht anfällig für Mufftöne und lassen sich leicht mit einem herkömmlichen Korkenzieher entfernen. Allerdings gibt es Qualitätsunterschiede. Die besten Silikonstopfen kommen heute aus Amerika und werden nach dem Extrusionsverfahren hergestellt. Besonders bei Weißweinen haben sie sich bewährt. Bei Rotweinen, die länger gelagert werden, ist noch nicht sicher, ob Phenole und Gerbsäure den Kunststoff angreifen oder ob das Polyethylen vermehrt schweflige Säure abbaut, so dass der Wein schneller oxydiert.

Drehverschluss

Schraubverschlüsse sind in der Getränkeindustrie weit verbreitet. Auch beim Wein haben sie sich inzwischen vielfach bewährt. Sie schließen die Flasche fast luftdicht ab und hinterlassen im Wein keinerlei Geschmacksspuren. Außerdem sind sie einfach zu handhaben. Bislang akzeptiert die Mehrzahl der Weintrinker den Drehverschluss nur bei Literflaschen.

Kronenkorken

Der Kronenkorken ist der billigste Flaschenverschluss. Er schließt die Flasche nahezu luftdicht ab. Auch die Kunststoffeinlage hat keine Auswirkungen auf die Weinqualität. Obwohl die Flaschen der edelsten Champagner während der dreijährigen Lagerung im Keller nur einen Kronenkorken tragen, hat sich dieser Verschluss weder für einfache, noch für gehobene Weinqualitäten durchgesetzt.

Was ist ein guter Korken?

Die wichtigste Aufgabe eines Korkens ist es, die Flasche sicher zu verschließen. Sicher heißt: dass sie nicht leckt und so wenig Luft wie möglich in die Flasche eindringt. Weine, die schnell getrunken werden, verfügen über einen kurzen Korken. Reifebedürftige Weine brauchen einen langen Korken.

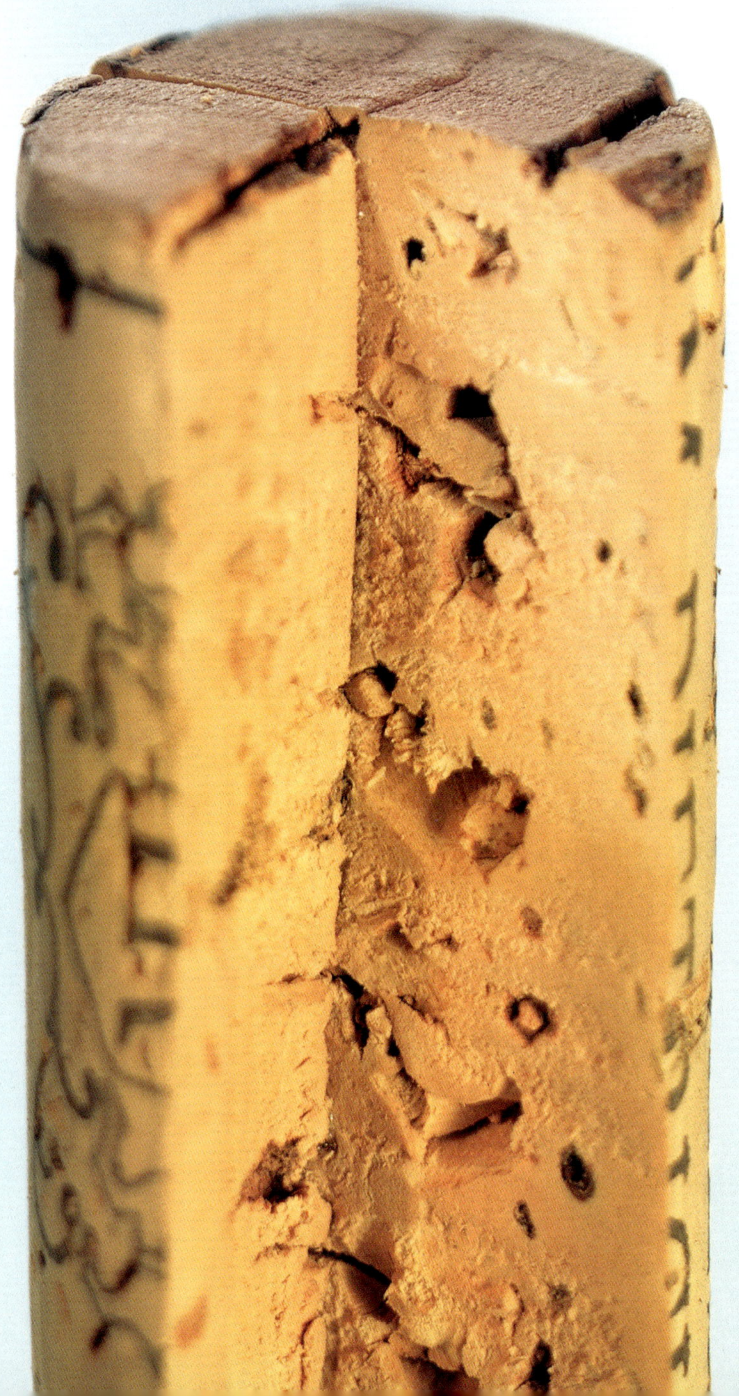

Kork – ein Naturprodukt

Kork – das sind die abgestorbenen Zellen der Korkeichenrinde. Der Zellinhalt besteht aus Stickstoff, die Zellwände sind aus Suberin. Suberin ist eine wasserabstoßende Substanz. Sie verhindert, dass Flüssigkeit durch den Flaschenkorken austritt. Auch Luft kann nur schwer durch die Zellwände dringen. Deshalb eignet sich eine mit Kork verschlossene Flasche gut zum Reifen des Weins. Kork ist außerdem elastisch. Im Flaschenhals ist er knapp auf die Hälfte seines natürlichen Umfangs zusammengepresst. Er presst sich gegen das Glas und verhindert so, dass Flüssigkeit seitlich an ihm vorbei heraussickern kann.

Die schwarzen Adern und Poren heißen Lentizellen. In natürlicher Umgebung versorgen sie den Baum durch die abgestorbene Rinde hindurch mit Sauerstoff. Für den Weintrinker sind Lentizellen hingegen ein neuralgischer Punkt. Durch sie können nämlich Wein und Sauerstoff ins Korkeninnere gelangen. Je mehr Lentizellen ein Korken aufweist, desto geringer ist seine Qualität. Je geringer die Qualität, desto schneller oxydiert der Wein – und desto größer die Gefahr eines Korkfehlers. Flaschenkorken werden heute mit Wasserstoffperoxyd gebleicht, damit sie ansehnlich und hygienisch wirken. Außerdem werden Flaschenkorken gewachst. Ohne Wachs lassen sie sich nur schwer in den den Flaschenhals pressen. Noch schwerer lassen sie sich später wieder aus ihm entfernen.

Ein Blick in das Innere eines Korkens zeigt, dass sich hinter den Poren große, verholzte Lentizellen verbergen.

Kein Korken gleicht also dem anderen. Beim einen ist der Luftaustausch größer, beim anderen geringer. Deshalb kann derselbe Wein aus der ersten Flasche frischer, aus der zweiten reifer sein. Am Aussehen erkennt auch ein Weinlaie, ob es sich um einen hoch- oder minderwertigen Korken handelt.

Hochwertig: Bei diesem nahezu lentizellenfreien Korken kann kaum Luftaustausch stattfinden. »Korkschmecker« treten seltener auf.

Standard: In einem nur mäßig von Lentizellen durchzogenen Korken kann die Flüssigkeit nur schwer eindringen.

Minderwertig: Dieser von vertikalen Lentizellen durchzogene Korken durchnässt leicht, wird bröselig und gefährdet den Weingenuss.

Hohe Elastizität: Kork ist ein extrem elastisches Material, denn bis zu 95 Prozent besteht er aus Gas. Vor der Verkorkung beträgt der Durchmesser 25 Millimeter (oberer Teil außerhalb der Flasche). Im Flaschenhals wird er auf 15,5 Millimeter zusammengepresst.

DURCHFEUCHTETE KORKEN

Nach 15 oder 20 Jahren Lagerzeit sind viele Korken vollständig vom Wein durchfeuchtet. Solange die Flaschen nicht nässen und der Kork im Inneren nicht bakteriell verseucht ist, besteht für den Weinfreund kein Anlass zur Sorge. Im Gegenteil: Durchfeuchtete Korken können nicht austrocknen. Nach 20 Jahren aber wird auch der beste Korken langsam mürbe. Ist der Wein dann immer noch nicht ausgetrunken und soll weiter reifen, ist es ratsam, die Flasche neu verkorken zu lassen. Für die großen Châteaux in Bordeaux ist die Neuverkorkung ein selbstverständlicher und kostenloser Service. Allerdings muss der Weinsammler seine Flaschen selbst nach Bordeaux bringen. Eventueller Schwund in der Flasche wird dabei mit jungem Wein aufgefüllt. Für qualitätsbewusste Winzer anderer Gebiete ist dieser Service ebenfalls selbstverständlich.

Korkkranke Weine

Schätzungsweise fünf bis acht Prozent aller Korken sind fehlerhaft. Tendenz steigend. Der Korkteufel trifft gleichermaßen junge und alte, weiße wie rote Weine. Selbst Champagner können einen Korkton aufweisen. Der Konsument ist machtlos. Im Restaurant kann er den Wein zurückgehen lassen. Weinhändler und Weingüter leisten keinen Ersatz.

Ungenießbar

Ob ein Wein korkkrank ist, kann niemand sagen, bevor die Flasche nicht geöffnet ist. Weder ein schimmeliger, noch ein durchtränkter Korken deuten sicher darauf hin, dass der Korken infiziert ist. Der Korkton ist zuerst in der Nase wahrnehmbar. Der Wein riecht muffig und bitter-gerbig. Der Fehlton überdeckt den Weingeschmack deutlich. Manchmal macht sich der Korkton auch erst beim Schmecken bemerkbar. Korkkranke Weine sind fast immer ungenießbar.

Trichloranisol

Äußerlich kann ein infizierter Korken makellos sein. Der hautpsächliche Verursacher des schlechten Geschmacks ist nämlich eine Chlorverbindung, die den Korken optisch nicht verändert. Sie heißt »2, 4, 6-Trichloranisol«, abgekürzt TCA, und ist bereits in winzigen Mengen wahrnehmbar: Bereits 10 ppt (»percent per thousand«) reichen aus, um einen Wein geschmacklich völlig zu verderben. TCA ist das Stoffwechselprodukt einer Gruppe von Schimmelpilzen, die sich von Chlorverbindungen ernähren. Diese Schimmelpilze sitzen aber nicht außen auf dem Korken und sind äußerlich auch nicht sichtbar. Das Zusammentreffen von Chlor und diesen Schimmelpilzen ist also in höchstem Maße heikel. Wenn es eintritt, spielt es sich im Innern des Korkens, genauer: in den Lentizellen ab. Dort setzen sich die Pilze gerne fest. Je mehr offene Poren, also Eingänge zu den Lentizellen, ein Korken aufweist, desto größer ist die Möglichkeit, dass Pilzsporen und Chlor in den Korken eindringen. Schimmelpilze gehören zur normalen Flora der Korkeichenwälder und es ist daher nichts Ungewöhnliches, wenn sie die Korkrinde nach dem Abschälen vom Stamm weiterhin besiedeln. Auch während der Lagerung kann der Schimmelpilz den Kork befallen. Allerdings werden die Korkrinden vor der Weiterverarbeitung desinfiziert und dabei sollten die Schimmelpilzkulturen zerstört werden.

Mikrowellen-erhitzter Delfin-Korken

Im Suberase-Bad gewaschener Bestalon-Kork.

Allgegenwärtiges Chlor

Chlor kommt während der Verarbeitung von Kork ins Spiel. Früher wurde Chlor zum Beispiel zur Bleichung der Korken verwendet: ein gefundenes Fressen für Schimmelpilze. Heute wird überwiegend Wasserstoffperoxyd zur Bleichung verwendet. Doch Chlor ist immer noch allgegenwärtig. In vielen südeuropäischen Länder ist das Leitungswasser gechlort – und Korkrinden müssen vor der Weiterverarbeitung gewaschen werden. Chlor ist auch in vielen Reinigungsmitteln enthalten, mit denen die Fußböden im Weinkeller, die Ladeflächen von Lastautos (die Kork transportieren) oder die Paletten, auf denen der Kork angeliefert wird, gereinigt werden. Chlorhaltige Reinigungsmittel finden oft auch in Haushalten von Weintrinkern Verwendung, ohne dass diese das im Einzelnen wissen. Nicht völlig desinfizierte Korken können also auch beim Spediteur, beim Weinhändler oder im Haushalt des Weintrinkers TCA bilden.

Ursachenforschung

TCA ist die häufigste, aber nicht die einzige Substanz, die Fehltöne im Wein hervorruft. Keime und Pilzsporen aller möglichen Gattungen können sich in den Lentizellen einnisten. Besonders in warmen und gleichzeitig feuchten Räumen können sich Mikroorganismen ausbreiten und unangenehme Fehl- oder Nebentöne wie z.B. Anisole entwickeln. Die Weinerzeuger geben daran den Korkfabriken die Schuld, die es bei der Lagerung der Korkrinde, beim Aussortieren des Korks und beim Desinfizieren an der nötigen Sorgfalt fehlen ließen. Die Korkfabriken beschuldigen den Korkhandel und die Weingüter, dass es bei ihnen an der nötigen Hygiene in den Lagerräumen und im Keller fehlen würde. Tatsächlich kann kein Beteiligter ausschließen, Verursacher irgendeiner Korkinfektion zu sein. Fazit: Die herkömmlichen Methoden der Desinfektion reichen nicht aus, um Fehltöne im Wein auszuschließen.

Neues Imprägnierverfahren

Um dennoch den Korken als Weinflaschenverschluss zu retten, wurden in den letzten Jahren neue Verfahren entwickelt, mit denen Fehltönen im Wein zu Leibe gerückt werden soll. Eines dieser Verfahren ist die Bestalon-Imprägnierung. Dabei werden die Korken etwa eine Stunde lang in einem speziellen Wasserbad gewaschen. Es enthält neben Äthanol eine kleine Menge Phenoloxidase, ein in Dänemark entwickeltes Enzympräparat auf Suberase-Basis. Es macht die gerbig schmeckenden Phenole im Korken unschädlich. Konkret: Sie werden polymerisiert und damit geschmacklich neutralisiert. Gleichzeitig werden die übelriechenden Anisole aus dem Korkinneren extrahiert. Da das Suberase-Enzym zugleich die Oberfläche des Korkens wasserabweisend macht und somit imprägniert, ist auch die Wahrscheinlichkeit des Eindringens von Flüssigkeit in den Korken wesentlich geringer.

Delfin-Verfahren

Noch höhere Erwartungen verbinden sich mit dem in Deutschland entwickelten Delfin-Verfahren (»Direct Environmental Load Focussed Inactivation«). Dabei laufen alle Korken vor der Freigabe durch eine spezielle Mikrowellen-Anlage, in der sie mittels elektromagnetischer Wellen erwärmt werden. Im Gegensatz zur herkömmlichen Heißwassersterilisation dringen die elektromagnetischen Wellen durch den Kork hindurch. So werden sowohl alle chemischen als auch alle mikrobakteriellen Verunreinigungen beseitigt. Delfin-Korken sind seit dem Jahr 2000 auf dem Markt. Der Weintrinker kann allerdings nur über den Winzer erfahren, ob der auf die Flasche gezogene Wein mit Delfin- oder Bestalon-Korken verschlossen wurde.

Wie atmet der Wein in der Flasche?

Wie schnell ein Rotwein altert, hängt von Rebsorte und Herkunft des Weins, vom Jahrgang, aber nicht unmaßgeblich auch von der Qualität des Korkens ab. Langlebige Weine sind mit einem mindestens 40 Millimeter langen, festschließenden Korken versehen, der nur wenig Sauerstoff durchlässt. Der Wein atmet so langsamer und reift besser.

Atmung und Verdunstung

Die kleine Luftschicht zwischen Weinoberfläche und Korken reicht aus, um den Wein ein paar Jahre mit Sauerstoff zu versorgen und ihn »atmen« zu lassen. Das heißt: Selbst wenn keine Luft durch den Korken eintritt, kann sich der Wein zwei, drei oder mehr Jahre in der Flasche verfeinern.

Vollkommen luftdicht abgeschlossene Weine gibt es jedoch nicht. Auch hochwertigste Korken können den Luftaustausch mit der Umwelt nicht ganz unterbinden. Die Folge davon ist, dass Sauerstoff eintritt und Alkohol und Wasser verdunsten. Auch für Laien ist erkennbar, dass alte Weine einen tieferen Pegelstand aufweisen als junge Weine. Es muss also Flüssigkeit verdunstet sein. In einem solchen Fall heißt es für Weintrinker: »Achtung! Die Flasche sollte bald getrunken werden.« Denn je tiefer der Pegel sinkt, desto mehr Sauerstoff gelangt in die Flasche, und je mehr Kontakt der Wein mit Sauerstoff bekommt, desto schneller oxydiert er. Mit sinkendem Pegel beschleunigt sich der Alterungsprozess exponentiell. Besonders groß ist die Kontaktfläche zwischen Sauerstoff und Wein, wenn die Flasche liegend aufbewahrt wird (1968 Gran Reserva 904, La Rioja Alta). Die geringste Angriffsfläche bietet ein Wein, der stehend gelagert wird (1959 Rioja Gran Reserva Ygay). Einziges Risiko: Der Korken kann austrocknen.

Wenn ein Wein längere Zeit liegt, vergrößert sich innerhalb der Flasche der Luftkontakt.

WIE DER LUFTAUSTAUSCH STATTFINDET

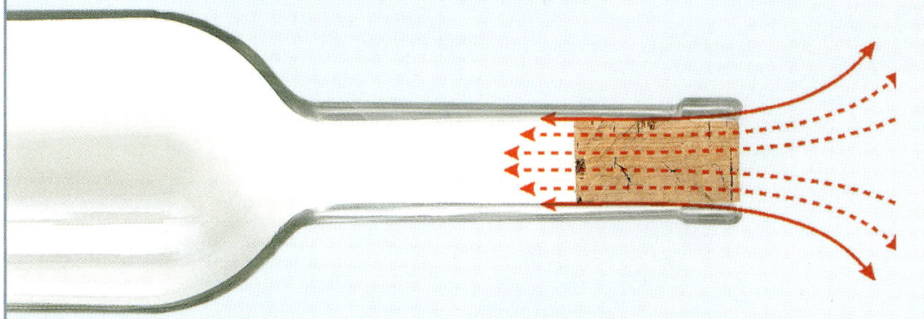

Der Gasaustausch zwischen Flascheninnerem und Umgebung findet zwischen Kork und Flaschenhals statt. Die Innenwand des Flaschenhalses erweist sich nämlich unter dem Mikroskop als rauh und uneben. Selbst der elastischste Korken schmiegt sich nicht so an, dass der Gasaustausch vollständig unterbunden ist. Durch die Spalten und Lücken verdunstet einerseits Flüssigkeit und Alkohol in der Flasche, andererseits dringt Sauerstoff von außen in die Flasche ein. Korken mit vielen Korkwarzen und Poren verstärken den Gasautausch noch zusätzlich. Die Folge davon ist, dass der Wein schneller reift. Wenn der Korken durch Austrocknung oder zunehmendes Alter schrumpft und immer mehr Flascheninhalt verdunstet, kann man für das, was mit dem Wein passiert, kaum noch den Ausdruck »atmen« verwenden. Der Wein oxydiert.

KORK UNTER DEM ELEKTRONENMIKROSKOP

Ein gewöhnlicher Korken besteht aus Milliarden von Zellen, die mit Stickstoff gefüllt sind. Sie liegen so dicht aneinander, dass es keine Zwischenräume gibt. Die Zellwände bestehen aus Zellulose. Der Zellulose ist eine Substanz namens Suberin beigemischt. Suberin ist eine hydrophobe Substanz; das heißt, sie stößt Wasser ab und sie ist auch für Alkohol, Fett und Luft nur schwer zu durchdringen. Als Folge davon kann durch das Korkgewebe selbst nur noch sehr wenig Sauerstoff in die Flasche gelangen.

Hohes Füllniveau: Der Château Latour 1990 zeigt nur einen Zentimeter Luftraum zwischen Weinpegel und Korkenspiegel an.

Abgesunkener Pegel durch Verdunstung: Der Château Latour 1982 zeigt bereits zwei Zentimeter Luftraum zwischen Weinpegel und Korkenspiegel an.

Gesunkenes Füllniveau durch schrumpfenden Korken: Bei dem Château Latour 1968 beträgt der Luftraum zwischen Weinpegel und Korkenspiegel bereits vier Zentimeter.

Servieren des Weins

Wenn die Flasche geöffnet ist, löst sich die Spannung: Der Wein verlässt sein Gefängnis. Doch das Einschenken ist nicht nur ein befreiender Akt. Es ist ein Vorgang, der Umsicht erfordert.

Wie wird der Wein eingeschenkt?

Da das Öffnen einer Weinflasche ein spannender Moment ist, lassen kultivierte Gastgeber ihre Gäste daran teilhaben. Sie öffnen die Weinflasche am Tisch, also vor den Augen des Publikums. Dieses Prinzip des »coram publico« hat eine lange Tradition: Es soll demonstriert werden, dass Originalwein ausgeschenkt wird und nicht irgendeine zusammengepanschte Mischung – eine gemeine Täuschung, die früher in der »feinen« Gesellschaft nicht selten war.

Das Dekantierkörbchen ist kein bloßer Zierrat, sondern wurde für ältere Rotweine mit Depot erfunden.

Stilvoll eingeschenkt

Ein Wein wird vorsichtig eingegossen und nicht mit großem Schwall ins Glas geschüttet. Bei edlen Weinen kann der Einschenkende das Glas sogar in die Hand nehmen, mit der Öffnung schräg zum Flaschenhals neigen und den Wein langsam einlaufen lassen. Normalerweise aber steht das Glas auf dem Tisch und der Wein wird von oben eingeschenkt. Wenn sich dabei im Glas Blasen bilden, ist das kein Problem. Der Wein kann so gleich atmen und die Blasen sind spätestens nach einer Minute wieder verschwunden. Damit der letzte Tropfen nicht das Tischtuch durchtränkt, drehen geübte Einschenker die Flasche als Abschluss des Serviervorgangs leicht aus dem Unterarm heraus weg. Der letzte Tropfen bleibt so am Flaschenmund hängen. Liegt der Wein im Dekantierkörbchen, wird die Flasche nicht bei jedem Einschenkvorgang herausgenommen, sondern es werden Flasche und Körbchen umfasst und der Wein wird eingeschenkt.

Prüfung des Korkens: Vor dem Einschenken des Weins sollte der Korken zur Nase geführt werden. Kranke Korken verraten sich meist schon am Geruch.

Säubern: Vor dem Einschenken wird der Flaschenmund mit einer Serviette gesäubert. Mit der feuchten Seite des Korkens darf der Flaschenmund aber auch gesäubert werden.

Prüfung des Weins: Wer die Flasche geöffnet hat, schenkt sich selbst zuerst ein, um den Wein zu prüfen – aber nur einen kleinen Schluck.

Ausschenken des Weins: Befindet der Gastgeber den Wein für gut, werden anschließend die Gäste bedient. Das eigene Glas füllt der Gastgeber als letztes auf.

Präsentation des Korkens: Wenn feine Weine ausgeschenkt werden, wird der Korken auf einem Silberteller auf dem Tisch abgelegt.

Prätentiös: In Restaurants wird der Korken manchmal an der Stanniolschleife der Kapsel aufgerollt und am Flaschenhals befestigt. Im privaten Rahmen wirkt das gestelzt.

TIPPS & TRICKS: WEINFLECKEN ENTFERNEN

Das Teuerste an einem Weinabend sei die Reinigung von Tischwäsche und Krawatten hinterher. So lautet ein oft gehörter Stammtischspruch. Vor allem Rotweinflecken machen Gastgebern und Gästen gleichmaßen zu schaffen. Trotz Einschenkhilfen und Tropfenfänger lassen sie sich nicht immer verhindern. Rotweinflecken können durch Kochen der Tischwäsche zwar rückstandslos entfernt werden. Doch wertvolle Tischwäsche darf nicht gekocht werden. Sie läuft ein oder färbt aus. Jede Hausfrau weiß deshalb, wie wichtig es ist, sofort Salz auf den Rotweinfleck zu streuen. Salz zieht die Flüssigkeit aus dem Stoff. Besser aber ist es, vorher Mineralwasser über den Fleck zu gießen. Mineralwasser verteilt den Rotwein im Gewebe. Das Salz kann so leichter die Farbe aus dem Tischtuch ziehen. Der zurückbleibende Rotweinfleck lässt sich auch im Schongang aus dem Gewebe waschen. Bei Krawatten lohnt diese Behandlung allerdings nicht, denn sie dürfen nicht gewaschen werden. Sie müssen in die Reinigung.

Weinstein und Bläschen im Wein

Bei vielen Weißweintrinkern sorgen kleine weiße Kristalle auf dem Boden der Flasche regelmäßig für Irritationen. Handelt es sich um Verunreinigungen? Um ungelösten Zucker? Es ist Kaliumtartrat, auch als Weinstein bekannt. Weinstein ist ein Beweis dafür, dass es sich um einen guten Wein und nicht um ein industrielles Produkt handelt – wie auch die Kohlensäurebläschen, die sich in manchem Weißwein finden.

Weinstein in einem alten Sauternes: Der Genuss des Weins wird durch die ausgefällte Weinsäure nicht beeinträchtigt.

Harmloser Weinstein

Das wie Zuckerkristalle oder Glassplitter aussehende Kaliumtartrat beeinträchtigt den Geschmack des Weins in keiner Weise. Es handelt sich um das Kalisalz der Weinsäure, das bei der Gärung oder während der Lagerung des Weins ausgefällt wurde. Es kann also bei jungen und bei alten Weißweinen auftreten und ist ein Zeichen dafür, dass der Wein innerlich »lebendig« ist. Allerdings muss Weinstein nicht mitgetrunken werden, wenn er beim Ausschenken ins Glas gelangt. Ähnlich zu beurteilen sind Trübungen. Sie deuten darauf hin, dass der Wein nicht stabilisiert und nicht gefiltert wurde – für Sauberkeitsfanatiker und Industrieweinmacher ein Sakrileg. Qualitätswinzer verzichten dagegen auf solche Maßnahmen, da der Wein mit jedem Eingriff verliert.

Kohlensäure

Unsicherheit verbreitet auch ein anderes Phänomen, das bei Weißweinen gelegentlich zu beobachten ist. Manche Weine prickeln nach dem Einschenken und entwickeln kleine Bläschen im Glas. Auch dies ist kein Anlass zur Panik. Die Bläschen sind nichts anderes als Reste von natürlicher Kohlensäure, die während der Gärung entstanden ist. Der größte Teil der Kohlensäure entweicht im Fass (oder im Edelstahltank). Ein kleiner Teil bleibt jedoch im Wein gelöst, auch nachdem dieser schon auf der Flasche ist. Beim Öffnen der Flasche wird sie dann freigesetzt. Natürliche Kohlensäure im Weißwein bedeutet, dass der Wein »knackig« frisch und »spritzig« ist. Sie lässt den Weintrinker das Bouquet intensiver erleben, ist also erwünscht. Rotweine sollten hingegen nicht prickeln. Wenn ein Rotwein dennoch prickelt, gar schaumige Schlieren bildet, die auf der Oberfläche haften bleiben und nicht wieder verschwinden, hat der Kellermeister es versäumt, den Wein stabil zu machen.

Weinstein am Korken: Wenn die Flasche im Liegen aufbewahrt wird, kann sich Weinstein auch am Spiegel des Korkens bilden.

Trüber Weißwein: Schwebeteilchen im Weißwein gelten irrtümlich als fehlerhaft. In Wirklichkeit sind sie ein Zeichen dafür, dass er naturbelassen ist – ungeschönt und unfiltriert.

»Spritziger« Weißwein: Die im Wein gelöste Kohlensäure ist an den kleinen Perlen erkennbar, die sich nach dem Einschenken noch länger am Glasrand halten können.

Schaumschlieren: Bei Rotweinen deuten Schaumschlieren darauf hin, dass auf der Flasche eine Nachgärung stattgefunden hat. Der Geschmack kann dadurch verfälscht werden.

TIPPS & TRICKS: PRICKELNDE ROTWEINE

Rotweine, die nach dem Einschenken prickeln oder Schaumschlieren bilden, müssen nicht sofort im Ausguss landen. Man sollte ihnen eine Chance geben. Zuerst sollte man sie im Glas stehen lassen und warten, ob die Bläschen durch den Luftkontakt verschwinden. Auch wenn sie nicht verschwinden, kann es sein, dass der Geschmack des Weins nur wenig beeinträchtigt ist. Andernfalls sollten Sie sich nicht scheuen, die Flasche mit dem restlichen Wein einmal kräftig durchzuschütteln (nicht vergessen, vorher den Korken wieder aufzusetzen). Ein guter Wein wird diese Behandlung überstehen. Tritt keine Besserung ein, lassen Sie die Flasche einen Tag lang offen stehen. Erst wenn der Wein dann immer noch nicht schmeckt, sollten Sie sich von dem Inhalt trennen.

Wie viel Wein gehört ins Glas?

Die einfachste Art, sich als Weinignorant zu offenbaren, besteht darin, die Gläser seiner Gäste randvoll zu schenken. Was gut gemeint sein mag, erweist sich als höchste Form der Genussfeindlichkeit. Gläser, die zu voll geschenkt sind, können nur schwer am Stiel balanciert werden. Das Bouquet kann sich nicht entwickeln. Der Wein erwärmt sich im Glas schneller als in der Flasche. Und ein überfülltes Glas animiert zum Trinken statt zum Genießen.

Faustregel »drittel voll«

Als Faustregel gilt, dass kleine Gläser zu nicht mehr als einem Drittel, große Gläser sogar nur zu einem Viertel gefüllt sein dürfen. Einzige Ausnahme: Schaumweingläser. Sie dürfen (fast) vollgeschenkt werden. In allen anderen Fällen heißt es jedoch: wenig ein- und um so häufiger nachschenken. Die Regel ist keine snobistische Etikette. Weinkenner halten sich intuitiv daran. Sie schenken um so weniger ein, je wertvoller der Wein ist. Nicht aus Geiz: Nur wenn genügend Luft im Glas ist, kann sich der Wein optimal entfalten.
Dennoch ist die Unsitte des Vollschenkens weit verbreitet, vor allem in der Gastronomie. Wirte, die Weingläser bis zum Eichstrich füllen, demonstrieren Biermentalität. Sie sollten ihre Weine lieber gleich in Krügen statt in Kelchen ausschenken. Allerdings muss die Füllmenge auf das Glas abgestimmt werden. Einen Deziliter in großvolumigen Gläsern zu servieren ist ebenso falsch, wie kleine Gläser randvoll zu schenken.

Korrekt gefüllte Schaumwein-, Rotwein- und Weißweingläser.

Korrekt: Ein Deziliter im Glas und anderthalb Deziliter im Viertelliter-Krug zum Nachschenken.

Korrekt: In einen größeren Kelch gehören mindestens zwei Deziliter Wein. Ein Restaurant, das diese Menge anbietet, muss auch über die entsprechenden Gläser verfügen.

Geschmacklos: Zwei Deziliter in einem relativ kleinen Glas sind zuviel. Der Kelch ist zu schwer, das Bouquet verfliegt zu schnell.

Lächerlich: Ein Deziliter in einem großvolumigen Glas wirkt wie eine »Pfütze«. Das Bouquet gelangt nicht an die Nase des Weintrinkers.

TIPPS & TRICKS: AVINIEREN

Wer während des Essens einen zweiten Rotwein trinkt, aber nur ein Rotweinglas zur Verfügung hat, muss das Glas avinieren. Avinieren heißt: »weingrün machen«. Dabei wird eine kleine Menge des neuen Weins ins Glas geschüttet, geschwenkt und dann in einen bereitstehenden Krug entleert (beziehungsweise ins Glas des Sitznachbarn, der den Vorgang wiederholt und den »Spülwein« weiterreicht). Auf diese Weise werden die Reste des alten Weins eliminiert und der Duft des neuen Weins ins Glas gegeben. Wichtig ist das Avinieren vor allem dann, wenn der neue Wein aus einer völlig anderen Region kommt oder von einer anderen Rebsorte stammt. Handelt es sich dagegen nur um einen anderen Jahrgang des gleichen Weins, kann das Avinieren entfallen. Beim Wechsel von Weiß- auf Rotwein müssen grundsätzlich neue Gläser bereitgestellt werden.

Wie wird die Weinflasche gehalten?

Auf die Frage, wie die Weinflasche beim Einschenken zu halten sei, antwortete der englische Weinschriftsteller Cyril Ray schlicht und bestimmend: »fest«. Doch eine Weinflasche festzuhalten ist nicht immer einfach, vor allem wenn es darum geht, den ausfließenden Wein kontrolliert ins Glas zu dirigieren. Die Fehler und Verrenkungen, die manche Weintrinker machen, legen einen traurigen Beweis davon ab.

Stilvoll und sicher

Eine volle 0,75-Liter-Weinflasche wiegt zwischen 1,2 und 1,3 Kilogramm. Sie beim Einschenken richtig zu halten, ist daher nicht allein eine Frage der Etikette. Es geht auch darum, sie so sicher in der Hand zu balancieren, dass der Wein weder im Schwall noch zu spärlich ausfließt. Deshalb greift die Hand sie dort, wo der Schwerpunkt liegt. Das ist bei einer vollen Flasche die Mitte des Bauches. Die Kraftanstrengung ist so am geringsten, der Fluss des Weins lässt sich am leichtesten kontrollieren. Je leerer die Flasche wird, desto mehr verlagert sich der Schwerpunkt. Erfahrene Weintrinker und Sommeliers fassen sie intuitiv tiefer an. Übrigens: Das Etikett sollte beim Einschenken stets nach oben zeigen – es sei denn, der Gastgeber hat etwas zu verbergen.

In der Mitte des Bauches und mit dem Etikett nach oben – so werden Wein- und Schaumweinflaschen korrekt gehalten.

Korrekt: Magnumflaschen dürfen und müssen sogar manchmal mit beiden Händen gehalten werden, um den Wein sicher einzuschenken.

Korrekt: Bocksbeutelflaschen werden beim Einschenken mit der flachen Seite nach oben gehalten. Der Daumen liegt auf dem Etikett.

Dilettantisch: Die Bocksbeutelflasche hochkant zu halten, ist dilettantisch. Es erschwert die Kontrolle des ausfließenden Weins.

Ordinär: Weinflaschen am Hals anzufassen, ist ordinär. Der Kraftaufwand ist höher und der Weinfluss schwerer zu kontrollieren als in normaler Haltung.

Stillos: Dem Sitznachbarn nachzuschenken, ist ein Ausweis der Höflichkeit. Aber dabei die Flasche bitte nicht nach außen drehen!

Gestelzt: Der Sommelier darf die Champagnerflasche in der Mulde am Fuß anfassen. In privatem Rahmen wirkt dieser Flaschengriff gestelzt.

TIPPS & TRICKS: EINSCHENKHILFE

Beim Einschenken geht häufig etwas daneben: unschön für den Gast, ärgerlich für die Hausfrau. Und selbst wenn nichts daneben geht, läuft der letzte Tropfen oft an der Flasche hinunter und hinterlässt einen roten Fleck auf dem Tischtuch. Die Lösung des Problems liegt in einer runden elastischen Folie namens »Drop Stop«. Sie wird mit den Fingern zu einer Tülle geformt und in den Flaschenmund eingesetzt. Anschließend lässt sich der Rotwein sicher einschenken. Herabrinnende Tropfen gibt es nicht mehr. Die Folie ist unbegrenzt verwendbar. Sie ist in gut sortierten Weinfachgeschäften erhältlich und kostet wenig mehr als ein Euro. Übrigens: Bei den meisten Weißweinen taucht das Problem herabrinnender Tropfen nicht auf, weil sie eine andere Viskosität als Rotweine haben.

Was tun mit einer halb vollen Flasche?

Wenn der Wein gut und die Weintrinker nicht schwächlich sind, bleiben keine ungeleerten Flaschen auf dem Tisch zurück. Der Alltag von Singles beweist jedoch das Gegenteil. Auch wenn die Qualität des Weins und die Weintrinker nichts zu wünschen übrig lassen, kommt es vor, dass eine Flasche am Ende nur halb leer ist. Oder besser: halb voll. Ist der restliche Wein am nächsten Tag noch trinkbar? Was kann man tun, damit er sich hält?

Angebrochene Flaschen müssen verschlossen werden, egal ob mit dem Korken oder mit einem modernen Designerverschluss.

Feind Sauerstoff

Ende einer Weinprobe. Abgerissene Kapseln. Herumliegende Korken. Angebrochene Flaschen. Darin wertvolle, edle Tropfen, die am Ende niemand mehr trinken konnte oder wollte. Der Wein ist seinem ärgsten Feind, dem Sauerstoff, voll ausgesetzt. Schon am nächsten Tag kann er abgestanden schmecken oder bereits vollständig oxydiert sein. Dann hieße sein Schicksal Ausguss.

Gegen dieses Schicksal sind junge Weine noch am ehesten gefeit. Sie besitzen noch viel freien Schwefel, der den Sauerstoff bindet. Auch Gerbstoff ist ein Element, das den Wein vor Oxydation schützt. Junge, tanninreiche Rotweine überstehen daher am besten einen Tag in der offenen Flasche, so zum Beispiel Bordeaux-Weine und andere Cabernet Sauvignons, Merlots, spanische Rotweine aus der Ribera del Duero, portugiesische Dãos und italienische Chianti. Junge Barolos und australische Shiraz sind am nächsten Tag sogar oft noch besser. Sie brauchen Luft.

Filigrane, duftbetonte Weine mit zarten Aromen verlieren dagegen leicht an Feinheit, etwa rote Burgunder oder säurearme Weißweine aus Südeuropa. Alte Weine, die aufgrund der Lagerung bereits mit Sauerstoff gesättigt sind und keinen freien Schwefel mehr aufweisen, büßen nach dem Öffnen der Flasche am ehesten ihren Geschmack ein.

Saugpumpe: Das nur in Fachgeschäften erhältliche Modell entzieht der Flasche Sauerstoff. Viele Weine bleiben dadurch länger frisch. Bei alten und empfindlichen Weinen funktioniert die Pumpe nicht. Der Unterdruck, der in der Flasche entsteht, schadet dem Wein.

Preserve: Gassprays mit inerten (reaktionsträgen) Gasen konservieren den Wein in angebrochenen Flaschen am besten. Das Gas wird in drei kurzen Stößen durch den Flaschenhals geleitet. Der Spray wird nur in Weinfachhandlungen vertrieben, ist teuer, reicht aber für 80 Anwendungen.

»Sisi«-Methode: Nach der österreichischen Kaiserin benannte Methode, um die Kohlensäure wenigstens eine Zeit lang zu erhalten. Ein silberner Teelöffel wird mit dem Stiel in die Flasche gehängt. Um das Metall bildet sich eine Kältebarriere, die den Austritt der Kohlensäure vermindern soll.

Bargas: Der dem kaiserlichen Silberlöffel nachempfundene Edelstahlkeil wird in die offene Schaumweinflasche gehängt. Eine italienische Erfindung, die den Austritt der Kohlensäure und damit den Druckabfall in der Flasche verlangsamt. Der Keil darf keinen Kontakt mit der Flüssigkeit haben. Der beste Schutz ist aber immer noch ein Korken.

TIPPS & TRICKS: WEIN ZUM KOCHEN

Weine, die zum Trinken nicht mehr geeignet sind, lassen sich oft noch hervorragend zum Kochen verwenden. Aus Rotweinen, die durch das Offenstehen an Frische eingebüßt haben, lässt sich ein Coq-au-Vin zubereiten oder eine gute Rotweinbutter herstellen. Wenn der Wein bereits leicht oxydiert ist, kann er immer noch zum Montieren von Saucen verwendet werden. Beim stundenlangen Köcheln gehen die feinen Aromen sowieso verloren. Aus übrig gebliebenen Weißweinen können delikate Sülzen gezaubert werden. Süßweine ergeben herrliche Gelees zu Schweinefleisch und Lebergerichten. Und Champagner (oder Schaumwein) eignet sich bestens für ein Meeresfrüchte-Risotto. Weinreste lassen sich auch wunderbar einfrieren und bei Bedarf auftauen.

Die richtige Weintemperatur

Feine Weine zu warm oder zu kühl zu trinken ist fast so schlimm, wie sie in der Kaffeetasse zu servieren. Die richtige Temperatur ist genauso wichtig wie ein passendes Glas. Da nicht alle Weintrinker über einen kühlen Weißwein- und einen etwas höher temperierten Rotweinkeller verfügen, müssen sie sich anders behelfen. Das Wichtigste ist: erst mal ein Weinthermometer zu kaufen.

Temperaturhilfen

Das wichtigste Instrument zur Kontrolle der Weintemperatur ist ein Weinthermometer. Es wird einfach ins Weinglas gestellt und zeigt die genaue Weintemperatur an. Für den Hausgebrauch kann ein solches Thermometer nützlich sein. Es in Gesellschaft oder im Restaurant zu benutzen, ist jedoch nicht sehr schicklich. Zudem gibt es auch Manschettenthermometer, die wie ein Ring um die Flasche gelegt werden. Sie haben den Vorteil, die Temperatur zu messen, ohne die Flasche öffnen zu müssen. Der einzige Nachteil daran ist, dass das Manschettenthermometer nur die Temperatur der Flasche misst, nicht die des Weins. Beide können erheblich voneinander abweichen. Bei einer Flasche, die kurzfristig in einen Kübel mit Eiswürfeln gestellt wurde, kann das Glas beispielsweise schon kalt sein, der Inhalt dagegen noch Raumtemperatur haben.

Rotweine, die zu kühl serviert worden sind, können durch Handwärme um ein oder zwei Grad in der Temperatur erhöht werden.

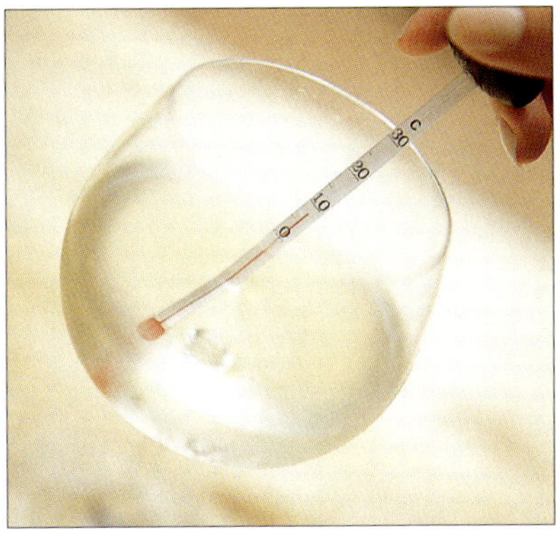

Weinthermometer: Unverzichtbares Instrument zur Kontrolle der Weintemperatur. Es sollte jedoch diskret und nicht in der Öffentlichkeit benutzt werden.

Weinkühler aus Ton: Vor Gebrauch unter kaltes Wasser halten und dann die vorgekühlte Flasche hineinstellen. Die verdunstende Feuchtigkeit schafft einen Kälteschutz um die Flasche.

Doppelwandige Glacette aus Acryl: Das Kältepolster, das die vorgekühlte Flasche um sich herum aufbaut, verlangsamt die Erwärmung des Weins.

Herkunftsland	Trinktemperatur von Weiß- und Rotweinen						
	6 °C	8 °C	10 °C	12 °C	14 °C	16 °C	18 °C
Frankreich	Vin de Pays Rosé	Champagner Bourgogne Blanc Sancerre Saumur Muscadet Chablis Bordeaux Sec Rosé de Provence	Pouilly Fumé Chablis Grand Cru Meursault Gewürztraminer Riesling Grand Cru Tavel Rosé Lirac Rosé de Provence Sauternes (süß)	Puligny-Montrachet Montrachet Corton-Charlemagne Musigny Blanc Tokay d'Alsace	Vin de Pays Beaujolais Primeur	Vin de Pays Mercury Mâcon Rouge Chinon Beaujolais Cru alle Burgunder Bordeaux Superieur Madiran Côtes-du-Rhône	Médoc, Haut Médoc, Pauillac, Margaux, St Emilion, Pomerol, Graves, Cahors, Côtes de Languedoc, Côtes de Roussillon, Côtes de Provence, Chateauneuf-du-Pape, Côte Rôtie, Hermitage
Italien	Prosecco Frizzante Galestro Pinot Grigio	Prosecco Spumante Südtiroler Weine Chardonnay (ohne Holz) Soave Gavi Arneis	Chardonnay Barrique Verdicchio Friauler Weißweine	Marsala Vin Santo	Kalterer See Valpolicella Bardolino Lambrusco	Chianti Vino Nobile Rosso di Montalcino Barbera d'Alba Merlot del Piave Pinot Nero Südtirol Lagrein Cabernet Friaul Sangiovese di Romagna Valtellina Rosso	Chianti Riserva Brunello di Montalcino Aglianico di Vulture Taurasi Barbera d'Asti Barbaresco Barolo Amarone Südtiroler Merlot
Deutschland	QbA süß Weißherbst Winzer-Sekt	QbA/Kabinett Jahrgangs-/ Lagen-Sekt	Spätlese/ Auslese trocken Beerenauslesen	Grauburgunder Auslese	Trollinger	Spätburgunder Dornfelder Lemberger	
Österreich	G'spritzter	Grüner Veltliner Riesling Welschriesling Neuburger	Ausbruch, Beerenauslesen	Smaragd Wachau Sauvignon Steiermark		Blauer Zweigelt St. Laurent	Blaufränkisch
Schweiz		Fendant, Aigle Epesses	Œil de Perdrix			Blauburgunder Dôle	Merlot del Ticino
Spanien	Rosado	Albariño Cava		Sherry		Valdepeñas	Rioja, Ribera del Duero, Tinto Navarra, Priorato
Portugal	Vinho Verde				Portwein Madeira	Ribatejo	Alentejo, Dão, Bairrado
Neue Welt	White Zinfandel	Sauvignon Blanc	Fumé Blanc	Chardonnay Barrique		Pinot Noir	Cabernet Sauvignon, Zinfandel, Shiraz, Pinotage, Malbec

Das Frappieren von Weißwein

Weißwein, der in der Wohnung lagert, ist meist zu warm. Ihn schnell auf die richtige Serviertemperatur zu bringen, heißt »frappieren«. Besonders gut eignet sich dazu der Eiskübel. Wasser ist nämlich ein guter Kälteleiter.

Serviertemperatur

Weil sich ein Wein im Glas schnell erwärmt, ist es nötig, ihn ein bis zwei Grad kühler zu servieren als er getrunken werden soll. Der Fachmann unterscheidet deshalb zwischen Servier- und Trinktemperatur. Deshalb können auch Weine, die genau die richtige Trinktemperatur haben, kurz ins Eisbad gestellt werden, um sie mit 1 °Celsius bis 2 °Celsius weniger zu servieren. Eine große Herausforderung ist es, wenn unerwartet Gäste vor der Tür stehen, einen Schaumwein, der bei 22 °Celsius in der Küche gelagert wurde, in kurzer Zeit auf 12 °Celsius herunterzukühlen. Wohlwissend, dass schnelles Herunterkühlen ein Schock für jeden Wein sein muss und dass seine Qualität darunter leidet, haben einfallsreiche Sommeliers eine vergleichsweise schonende Methode des Frappierens erdacht.

Im Eisbad

Der Eiskübel ist ein unverzichtbares, aber auch gefährliches Utensil für den Weinfreund. Unverzichtbar, weil auch vorgekühlte Weine sich im Sommer rasch erwärmen und wenigstens zeitweise auf Eis gestellt werden sollten, um die richtige Serviertemperatur zu halten. Gefährlich, weil der Eiskübel die Weine sehr schnell herunterkühlt – insbesondere wenn die Flaschen nur halb voll sind. Vorgekühlte Weißweine und Champagner (14 °Celsius) sinken innerhalb von 15 Minuten im Eisbad auf unter 8 °Celsius und sind damit zum Trinken zu kalt. Die Flasche rechtzeitig herauszunehmen ist also ebenso wichtig, wie sie hineinzustellen.

Der Eiskübel ist ein unverzichtbares Instrument für alle, die ihre Weißweine kühl trinken wollen.

Rasches Herunterkühlen: Die geschlossene Flasche wird kopfüber ins Eisbad gestellt. Im schmalen Flaschenhals und im Schulterbereich sinkt die Temperatur schneller als in der Mitte der Flasche.

Beschleunigen: Nach fünf Minuten wird die Flasche im Kübel kurz gerüttelt, einmal aufgerichtet und dann wieder kopfüber ins Eis gestellt. Der noch wenig gekühlte Wein aus der Mitte der Flasche gelangt so an die kühle Flaschenwand.

Weiterkühlen: Nach weiteren fünf Minuten die Flasche aus dem Eisbad nehmen, sie vorsichtig öffnen. Die ersten vier Gläser müssten eine Temperatur von etwa 12 °Celsius haben. Die Flasche wird wieder in den Eiskübel gestellt, diesmal mit dem Flaschenhals nach oben. Der Wein im Bauch der Flasche kühlt weiter.

Serviertemperatur

Bei Champagnern (oder Schaumweinen allgemein) hat der Eiskübel noch eine weitere wichtige Funktion: Die Kälte bewirkt nämlich, dass die Kohlensäure in ihnen länger erhalten bleibt. Das heißt: Geöffnete Schaumweinflaschen bleiben, solange sie auf Eis stehen, ein prickelnder Genuss.

Ausgangstemperatur (in °Celsius) / Zeit in Minuten	Erwünschte Serviertemperatur (in °Celsius) 14°	13°	12°	11°	10°	9°	8°
25°	183	219	245	287	378	472	612
24°	159	188	220	272	351	457	589
23°	139	173	208	259	334	430	561
22°	117	158	197	249	310	399	539
21°	98	133	178	235	302	382	518
20°	83	123	164	220	292	369	502
19°	72	102	149	201	275	358	486
18°	57	82	117	175	234	329	466
17°	39	66	95	140	221	315	448
16°	25	46	76	109	170	278	378
15°	20	28	53	88	127	225	335
14°	0	24	33	63	104	174	273

Kühlzeit (in Minuten), die ein Weißwein bei unterschiedlicher Ausgangstemperatur im Kühlschrank (8 °Celsius) benötigt, um auf die erwünschte Serviertemperatur zu kommen.

TIPPS & TRICKS: CRASH-EIS

Die Eiswürfel für den Weinkühler im Gefrierfach vorzubereiten, ist eine mühselige Angelegenheit. Einfacher ist es, in der Gefriertruhe einen Eisblock herzustellen (etwa in einer rechteckigen Kasserole oder in einem 10-Liter-Gefrierbeutel, der in einem Pappkarton steht). Wird das Eis benötigt, wickelt man den Block in ein Handtuch und zerkleinert ihn mit einem Hammer. Das Eis zerspringt schnell und lässt sich mühelos vom Handtuch in den Kübel schütten.

Das Chambrieren von Rotwein

Rotweine kommen meist zu kühl aus dem Keller. Sie auf Trinktemperatur zu bringen wird altmodisch »chambrieren« genannt. Meist geschieht dies, indem die Flasche ein paar Stunden vor dem Öffnen aus dem Keller geholt und in wärmere Räume gestellt wird. Doch Vorsicht: Die Wohnräume sind heute wärmer als früher, und Zimmertemperatur ist nicht Trinktemperatur. Nicht selten müssen Rotweine, wenn sie zu warm geworden sind, hinterher wieder kurz in den Kühlschrank gestellt werden.

Zeit in Minuten	Servier- und Trinktemperatur für Rotweine (in °Celsius)						
Kellertemperatur (in °Celsius)	14°	15°	16°	17°	18°	19°	20°
8°	39	57	80	105	131	162	195
9°	36	54	77	102	128	159	190
10°	33	51	74	99	125	155	187
11°	28	46	69	94	120	150	182
12°	20	38	61	86	112	142	174
13°	15	33	54	79	105	135	167
14°	0	18	41	66	92	122	154
15°		0	23	48	74	104	136
16°			0	25	51	81	113
17°				0	26	56	88
18°					0	30	62

Zeit (in Minuten), die ein Wein braucht, um sich von der Kellertemperatur auf die erwünschte Serviertemperatur erwärmen zu können (bei einer regulären Raumtemperatur von 21 °Celsius).

Der Faktor »Zeit«

Der Tisch ist gedeckt. Die Kerzen sind angezündet. Die Kristallgläser funkeln. Auch der Wein ist schon lange aus dem Keller geholt und steht bereit. Da taucht plötzlich die Frage auf: Hat er schon Serviertemperatur? Wenn ja, wie verhindere ich, dass er sich zu stark erwärmt, bis die Gäste kommen? Ist er womöglich schon zu warm? Soviel ist klar: Notfalls muss beim Erwärmen oder beim Kühlen nachgeholfen werden. Die oben stehende Tabelle zeigt, wie viel Zeit ein Rotwein benötigt, um sich auf die gewünschte Serviertemperatur erwärmen zu können.

Rotwein, der aus dem Keller kommt, muss oft erst chambriert werden, um Trinktemperatur anzunehmen.

Warmwasserbad: Bei 30 °Celsius Wassertemperatur braucht ein Rotwein nur 15 Minuten, um sich von 14 auf 18 °Celsius zu erwärmen – altmodisch, aber schonend.

Rotwein auf Heizung oder Ofen: Großväterliches Chambrierverfahren, das den Wein am Fuß der Flasche schnell erhitzt, während er im Bereich der Schulter kühl bleibt – barbarisch.

Mikrowelle: Rücksichtslose Erwärmmethode, weil Mikrowellen den Wein schädigen und der Temperaturanstieg praktisch nicht kontrollierbar ist – verheerend.

Kältemanschette: Ist mit einem Gel gefüllt. Sie muss, bevor sie um die Flasche gelegt wird, im Eisfach gekühlt werden – schonende Methode.

Eiskübel: Crash-Kühlung, die moderne Rotweine jedoch souverän aushalten. In weniger als 20 Minuten ist ein »chambrierter« Wein auf Serviertemperatur gebracht – bedenkenlos.

Gefrierfach: Schockkühlung, doch da 10 Minuten ausreichen, um einen Wein von Raum- auf Trinktemperatur (18 °Celsius) zu kühlen, ohne bleibende Schäden für den Wein – tolerierbar.

Das Dekantieren von Rotwein

Das vorsichtige Umfüllen des Weins in eine Karaffe wird »Dekantieren« genannt. Manche empfinden es als Wichtigtuerei. Andere warnen sogar davor. Tatsächlich macht das Dekantieren nur bei wenigen Weinen Sinn. Jungen, tanninreichen Rotweinen bringt die »Belüftung« einen geschmacklichen Vorteil. Bei alten Rotweinen wird das Depot vom Wein getrennt.

Mit dieser Dekantierwiege werden alte Weine zeremoniell von ihrem Depot getrennt. Meistens dekantiert der Weinkellner jedoch von Hand.

Sinn des Dekantierens

Das Dekantieren ist nichts anderes als ein kontrollierter Sauerstoffschock für den Wein. Säuren, Ester und Kohlenwasserstoffmoleküle (die wichtige Geschmacksträger enthalten) gehen schnelle Verbindungen mit Sauerstoff ein. Dadurch kann sich der Wein geschmacklich »entfalten«. Diese schnelle »Entfaltung« wird in der Flasche durch das Tannin behindert. Tannin reagiert leichter mit Sauerstoff als die anderen Substanzen und bindet ihn – was normalerweise durchaus erwünscht ist. Dadurch wird der Wein vor schnellem Verderb geschützt. Tanninreiche Weine »entfalten« sich langsamer. Der Wein kann länger altern. Wird der Wein jedoch früh getrunken, muss der »Entfaltung« des Weins nachgeholfen werden – durch Dekantieren.

Die Dekantierwiege

Die Dekantierwiege ist eine englische Erfindung. Mit ihr wurden früher alte Portweinflaschen dekantiert. Alter Jahrgangs-Port bildet ein starkes Depot. Durch das Drehen an der Kurbel kann der Neigungswinkel der Flasche genau bestimmt werden. Die Kerze unter dem Flaschenhals ermöglicht es zu erkennen, wann das Depot auszufließen beginnt. In dem Moment wird das Dekantieren gestoppt. Das Depot bleibt in der Flasche. Heute werden Dekantierwiegen fast nur noch zu zeremoniellen Zwecken eingesetzt, und wenn, dann nicht nur für Port, sondern auch für alte Rotweine.

Dekantierkorb: Alte Rotweine werden nicht der Romantik wegen im Korb serviert, sondern damit sich das Depot absetzen kann. Der letzte Rest Wein verbleibt samt Depot in der Flasche.

Dekantiertrichter: Damit kann man den Wein ohne Kerze von der Flasche in die Karaffe umfüllen. In dem Sieb, das oberhalb des Stutzens installiert ist, bleibt das Depot hängen.

TIPPS & TRICKS: BURGUNDER-DEPOT MITTRINKEN

Aubert de Villaine, Direktor und Mitbesitzer der Domaine de la Romanée Conti im Burgund, empfiehlt, das Depot eines wertvollen, alten Burgunders mitzutrinken – auch wenn es unansehnlich ausschaut. Es schmeckt nämlich süß, nicht bitter. Der Grund: Burgunder-Depot ist flockig, nicht körnig. Die Flocken sind kein ausgefälltes Tannin (der Burgunder ist kein sonderlich tanninreicher Wein), sondern es handelt sich um ausgefällte Farbstoffe (Polyphenole). Der Effekt ist mit dem bloßen Auge erkennbar, die Farbe eines 20 Jahre alten Weins ist fast kaffeebraun. Die Flocken wirbeln übrigens schon bei der kleinsten Bewegung der Flasche auf. Wer alte Burgunder-Weine dekantiert, verliert daher leicht ein Drittel des Flascheninhalts – schade um den edlen alten Wein.

Dekantiertechnik: Weine, die wegen ihres Depots dekantiert werden sollen, müssen 24 Std. vor dem Servieren aufrecht gestellt werden. Das Depot muss sich von der Flaschenwand lösen und auf den Boden sinken. Beim Dekantieren über einer Kerze muss darauf geachtet werden, wann das Depot ausfließt. Es ist an einem dünnen, krümeligen Streifen erkennbar.

Das Dekantieren von Weißwein

Während das Dekantieren von Rotwein ein geläufiger Vorgang ist, geriet das Dekantieren von Weißwein in Vergessenheit. Im 19. Jahrhundert war es dagegen durchaus üblich, gehaltvolle Weißweine bewusst in der Karaffe zu servieren. Heute setzt sich zunehmend die Erkenntnis durch, dass gewissen Weißweinen die »Belüftung« genauso gut tut wie gewissen Rotweinen.

Wiederbelebte Praxis

Die Idee, Weißweine zu dekantieren, wurde vor kurzem in Österreich wiederbelebt. Die Wachauer Winzer Franz Hirzberger und Emmerich Knoll waren immer wieder verblüfft, dass das dritte Glas eines Riesling Smaragd oder eines Grüner Veltliner Smaragd besser schmeckte als das erste. Des Rätsels Lösung: Der Wein des dritten Glases hatte mehr Zeit gehabt, in der geöffneten Flasche mit Sauerstoff zu reagieren und ihr Redox-Potenzial abzubauen. Dadurch wirkte er voller und harmonischer. Eine ähnliche Erfahrung machten Sommeliers mit hochrangigen Weißweinen aus dem Elsass, aus Deutschland und aus dem Burgund. Erst nachdem sie eine Stunde oder zwei Stunden in der Karaffe gestanden hatten, kamen die Fülle und der Facettenreichtum der ausgeschenkten Weißweine voll zur Geltung.

Eine alte Tradition wiederbelebt: Hochwertige Weißweine werden in schmale Karaffen dekantiert, damit sich ihr Bouquet entfalten kann.

Atmen im Glas: Bereits ein genügend großer Glasdurchmesser kommt dem »Dekantiereffekt« nahe. Der Wein kann atmen.

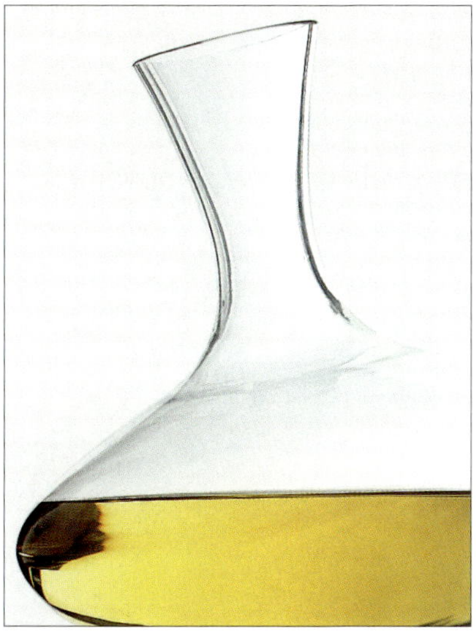

Falsch: Großvolumige Karaffen sind zum Dekantieren von Weißwein ungeeignet. Die Kontaktfläche mit der Luft ist zu groß.

Weißweine zum Dekantieren: Grüner Veltliner Smaragd, ein weißer Burgunder Grand Cru, ein elsässischer Riesling Grand Cru.

TIPPS & TRICKS: KARAFFE SÄUBERN

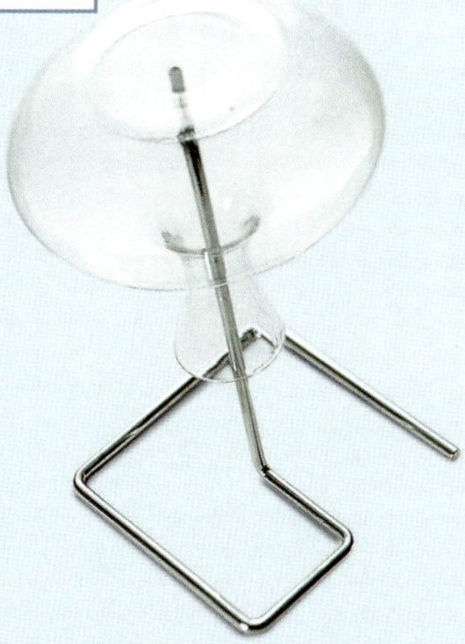

Viele Karaffen werden nach mehrmaligem Gebrauch von einem trüben Schleier auf der Innenseite des Glases überzogen. Mit normalem Spülmittel lässt er sich meist nicht entfernen. Lässt man hingegen Essigessenz ein paar Stunden lang einwirken, verschwindet der Belag meist schnell. Danach wird die Karaffe mehrmals mit Wasser ausgespült. Auf einem Dekantierständer kann sie abtropfen. Dieser ist in Weinfachgeschäften und in Versandshops für Weinaccessoires erhältlich. Wer keine Dekantierkaraffe zur Hand hat, aber dennoch einen Wein dekantieren möchte, kann sich mit einem alten Trick behelfen: Man dekantiert den Wein vorsichtig in eine Mineralwasserflasche und schüttet ihn aus dieser wieder zurück in die Originalflasche. Der Effekt ist annähernd derselbe wie bei der Karaffe. Einzige Bedingung: Keine PET-Flasche verwenden.

Die Wahl des richtigen Glases

Das Wichtigste an einem Weinglas sei, dass es oben offen ist – so lautet die grundlegende Erkenntnis erfahrener Zecher. Der Meinung ist nicht zu widersprechen, wohl aber Einiges hinzuzufügen. Erstens: Ein Weinglas für Genießer hat wenig gemein mit einem Weinglas für Zecher. Zweitens: Je besser der Wein ist, desto anspruchsvoller sollte das Glas sein.

Form und Funktion

Das Glas, aus dem ein anspruchsvoller Weinkelch geformt ist, muss transparent und dünn sein. Die Lippen wollen die Temperatur des Weins spüren. Der Rand sollte geschliffen, nicht wulstig sein, damit der Wein direkt auf die Zunge läuft und nicht an ihr vorbei. Ein gutes Weinglas sollte einen Stiel haben, an dem es sicher zum Mund geführt werden kann. Sein Schwerpunkt muss so gewählt sein, dass es gut in der Hand liegt und das Trinken kein wackeliger Balanceakt wird.
Und was ein Glas nicht sein darf? Weder Stiel noch Fuß, noch Kelch sollten bunt sein. Buntes Glas verfälscht die Farbe des Weins. Und der Kelch darf nicht zu klein sein. Sein Volumen sollte mindestens dreimal so groß sein wie die Menge, die tatsächlich eingeschenkt wird. Nur so kann sich der Wein im Glas entfalten. Andererseits darf der Kelch auch nicht zu groß sein. Bescheidene Weine aus bombastischen Gläsern zu trinken, wirkt lächerlich. Einfache Weine schmecken aus Bistrogläsern besser. Geradezu peinlich sind kunstgewerbliche Gläser aus verziertem Pressglas mit dickem Stiel.

Wer gute Weine trinkt, braucht auch gute Gläser. Sie müssen nicht teuer, wohl aber funktional sein.

TIPPS & TRICKS: SÄUBERN VON WEINGLÄSERN

Fast alle Weingläser sind spülmaschinenfest. Doch oft passen sie wegen des langen Stiels nicht in den Geschirrspüler und müssen von Hand gesäubert werden. Am besten ist, nur heißes Wasser zu verwenden. Um Lippenstiftreste zu entfernen oder den fettigen Trinkrand zu säubern, muss ein wenig Spülmittel ins Waschwasser. Anschließend müssen die Gläser nochmals mit klarem Wasser abgespült und sofort abgetrocknet werden (nicht abtropfen lassen). Zum Abtrocknen gibt es ein speziell für Gläser entwickeltes Mikrofasertuch, das keine Streifen hinterlässt. Es ist allerdings nur im Weinfachhandel erhältlich. Genauso gut kann man auch Leinen verwenden, denn es hinterlässt keine Faserreste. Leinen muss allerdings erst zehnmal gewaschen werden, damit es saugfähig wird.

Beispiele des schlechten Geschmacks: Zu Zeiten, als Wein nur zu bestimmten Anlässen getrunken wurde, warteten die Gläser oft jahrelang im Wohnzimmerschrank auf ihren Einsatz (und warten heute noch immer). Vielleicht war das gut so. Denn aus ihnen lässt sich Wein zwar trinken, aber nicht genießen. Selbst gute Weine verblassen in ihnen.

1 Deutsches Römerglas schwer und mit farbigem Stiel. Verfälscht die Farbe des Weins. Der Kelch lässt keine Bouquetentwicklung zu. **2** Ein Dekorglas aus dickem Glas ohne Stiel verlangt, dass das Glas am Kelch angefasst wird. **3** Kopie eines Elsässer Rieslingglases mit braunem Stiel: Mehr Schale als Kelch. **4** Kitschgefäß mit eingeschlossenen Luftbläschen im Glas: das dicke Glas und der trompetenförmige Kelch berauben den Wein jeglichen Duftes und Geschmacks. **5** Pressglas mit Stamm statt Stiel, das heißt der Wein hat keine Entfaltungsmöglichkeit. **6** Pokal aus geschliffenem Glas: Der ausgestülpte Rand lässt den Wein auf breiter Front in die Mundhöhe eintreten, so dass er die Schmeckzonen umgeht und schnell im Rachen versickert.

Schaumwein pur oder Cocktail fizz?

Schaumweine werden gern mit Obstsäften oder anderen Getränken gemischt. Das Resultat sind Fizz-Cocktails: prickelnde, durstlöschende Erfrischungsgetränke. Der Weingeschmack verliert sich allerdings. Sekt, Cava und Prosecco eignen sich besonders gut für Cocktails. Darf es auch

Black Velvet

Eine der berühmtesten und umstrittensten Champagner-Cocktails heißt »Black Velvet«. Er entstand im Londoner Club Buck' Fizz in den 30er-Jahren des 20. Jahrhunderts. Die Barkeeper füllten die Gläser ihrer Gäste zur Hälfte mit dunklem Guinness und gossen es dann langsam mit Champagner auf. Die Vermählung von Bier und Champagner löste heftige Kontroversen aus. »Geschmacklos« und »vulgär« empörten sich die Puristen. Doch die Engländer genossen den Mix und beschimpften ihre Kritiker als »Snobs«. Cyril Ray, ausgewiesener Weinexperte und Autor einer Monografie über das Champagnerhaus Bollinger, meinte trocken, er würde die snobistische Auffassung, Guinness und Champagner seien unvereinbar, nicht teilen. Aber für einen Black Velvet würde er keinen Champagner von Bollinger empfehlen. Übrigens ist der Black Velvet noch heute in einigen der besten Bars der Welt zu Hause. Der Unterschied zu früher ist nur der, dass der Guinness-Anteil pro Glas inzwischen auf drei Esslöffel beschränkt ist.

Black Velvet ist ein umstrittener Klassiker unter den Schaumwein-Cocktails.

Sekt-Orange

Der bekannteste Cocktail auf Weinbasis heißt »Champagner fizz«. Dabei wird ein Teil frisch gepresster Orangensaft mit zwei Teilen Champagner aufgegossen. Natürlich wird dafür keine Prestige Cuvée und auch kein wertvoller Jahrgangschampagner geöffnet, nicht einmal ein einfacher Brut, sondern es wird heute irgendein preiswerter Schaumwein verwendet. Auch auf frisch gepressten Orangensaft wird inzwischen verzichtet und stattdessen Orangenkonzentrat aus der Pappbox verwendet. Dafür heißt das Getränk dann auch nur noch bescheiden »Sekt-Orange«. Die Herren der großen Champagnerhäuser in Frankreich können also aufatmen.

Champagner sein? Muss er stets »pur« oder darf er auch »fizz« getrunken werden? Fizz ist erlaubt – und es gibt überraschende Mixturen, auch wenn Puristen mit dem Kopf schütteln.

Cava und Prosecco

Dass Schaumwein sich nicht nur zum pur trinken, sondern auch für Cocktails eignet, hat mit der Kohlensäure zu tun. Sie intensiviert den Geschmack der Zutaten und erfrischt den Gaumen. Wichtig ist allerdings, dass die Zutaten vorsichtig dosiert werden. Mehr als 6 cl an Zutaten sollten keinem Cocktail dazugegeben werden. Der weinige Grundton des Cocktails muss erhalten bleiben. Schaumwein-Cocktails gehören nicht in den Shaker. Die Kohlensäure wäre nach der Schüttelprozedur entwichen. Dass Champagner sich besonders gut für Cocktail eignet, ist übrigens eine Legende. Zumindest Prosecco und Cava erfüllen den gleichen Zweck. Sekt ebenfalls – vorausgesetzt, er ist nicht zu aromatisch.

Starlight: Kräuterlikör, Champagner, 1 Aprikosenspalte. Ein alter Hollywood-Klassiker, für den heute meist Prosecco statt Champagner verwendet wird.

Campari-Prosecco: Campari und Prosecco. Erweckt seit Jahrzehnten müde Geister zu neuem Leben.

Blue Champagne: Zitronensaft, Curaçao Blue, Champagner. Genießer trinken den karibikblauen Drink mit Champagner, Hartgesottene mit Wodka.

Champagner-Orange: frisch gepresster Orangensaft, Champagner, Würfelzucker. Für alle, denen Champagner pur zu trocken und Orangensaft allein zu gesund ist.

Kir Royal: Champagner und Cassislikör. An der französischen Riviera erfunden, in Deutschland zum Kult-Cocktail geworden.

Bellini: Prosecco, pürierter Pfirsich, Apricot-Brandy. Ein italienischer Softdrink, der von Harry's Bar in Venedig aus seinen Siegeszug um die Welt antrat.

Kleiner Knigge für Weintrinker

»Wein ist der zivilisierteste Gegenstand der Welt«, hat Ernest Hemingway im Angesicht eines funkelnden Margaux geschrieben. Dass Wein anders getrunken wird als Whisky, war ihm klar. An Vorschriften für den Umgang mit feinem Wein hat es nie und nirgendwo gefehlt. Doch viele Gebote sind reines Zeremoniell, manche nur steife Etikette. Einige Regeln lohnt es, zu beherzigen, auch wenn sie auf Weindebütanten gekünstelt und wenig »lässig« wirken. Gegen sie zu verstoßen, ist zwar keine Katastrophe, kann aber auf andere störend wirken.

Haltung und Genuss

Wein wird nicht getrunken. Er wird in kleinen Schlucken gekostet. Das »Maul voll Wein«, von dem gelegentlich die Rede ist, darf nicht wörtlich genommen werden. Es ist eine Metapher, um einen besonders herzhaften, animierenden Wein zu beschreiben. Zum Kosten wird der Arm gehoben und das Glas zum Mund geführt. Ein banales, aber keineswegs selbstverständliches Gebot. Viele Weintrinker scheinen nämlich schnell schlapp zu machen und heben den Arm bereits beim zweiten Glas nicht mehr an. Stattdessen sitzen sie, bräsig auf den Ellbogen gestützt, am Tisch und beugen sich über das Glas. Ein deprimierender Anblick, wenngleich nicht abzustreiten ist, dass der Wein am Ende auch so seinen Weg zum Ziel findet.

Wenn der Wein das Glas verlässt, berührt er zuerst die Oberlippe und wird dann vorsichtig durch die geöffneten Lippen in die Mundhöhle eingesogen. Das klingt angestrengt, ist in Wirklichkeit aber eine höchst natürliche, unverkrampfte Genusshaltung. Viel anstrengender und obendrein unfein ist es, den Kopf – wie beim Trinken aus einem Maßkrug – in den Nacken zu werfen und den Wein in den weit aufgerissenen Mund laufen zu lassen. Eine solche Haltung verrät den Typus des gemeinhin in Bierzelten anzutreffenden »Kampftrinkers«.

Übrigens sollte der Wein nicht gleich geschluckt, sondern auf der Zunge kurz »gewogen« werden. So kann sich der Geschmack entfalten. Das demonstrative »Kauen« des Weins passt zu Weinproben, am Tisch wirkt es eher deplatziert. Das Weinglas muss nicht nach jedem Schluck abgesetzt werden. Man kann es durchaus in der Hand behalten, um einen zweiten Schluck zu nehmen, nachdem der erste durch die Kehle geronnen ist. Wer zwei, gar drei Züge hintereinander nimmt, outet sich als Trinker, nicht als Genießer. Geradezu bäurisch ist der Anblick jener Zeitgenossen, die einen langen, tiefen Schluck zu sich nehmen und dann mit dicken Backen am Tisch sitzen und Mühe haben, den einverleibten Wein zu verdauen. Durstige Menschen kommen bei feinem Wein sowieso nicht auf ihre Kosten. Ihnen ist Mineralwasser zu empfehlen. Das Glas wird übrigens nie am Kelch, sondern stets am Stiel angefasst – sofern es einen solchen aufweist. Einfache Landweine werden gern aus kleinen Krügen mit Henkel getrunken und können manchmal sogar durstlöschend sein.

Der Wein wird mit den Lippen in den Mund gezogen, und zwar in kleinen Portionen.

Kopf in den Nacken, Wein in den Rachen geschüttet – die Haltung der »Kampftrinker«.

Korrekt: Kleine Gläser können leicht mit zwei Fingern am Stil zum Mund geführt werden, ohne dass die Balance verloren geht.

Korrekt: Für Rotweingläser mit großem Kelch werden drei Finger gebraucht, um es sicher zu halten.

Korrekt: Für einen schweren Pokal müssen manchmal vier Finger benutzt werden, um ihn sicher zu halten.

Deplatziert: Ein Weinglas am Fuß zu halten, ist Kellermeistern vorbehalten, vielleicht noch Weintestern. In Gesellschaft wirkt es würdelos und deplatziert.

Unästhetisch: Das Weinglas mit der ganzen Hand am Kelch zu fassen, ist stillos. Die Finger hinterlassen unappetitliche Abdrücke am Glas.

Affektiert: Der abstehende kleine Finger trübt zwar nicht die Freude am Wein, lässt jedoch auf einen gekünstelten Stilwillen schließen.

WEINSPRACHE

Die Weinsprache besitzt ein eigenes Vokabular, aber jeder Weintrinker neigt zu eigenen Vokabeln. Mit seinen Kommentaren zum Wein – egal, ob er damit Zustimmung oder Ablehnung ausdrücken will – outet er sich und demonstriert, zu welchem Typ er gehört.

Der brave Langweiler: *gefällig, artig, vollmundig, sortentypisch, reintönig, blumig, rassig, rund, fest, nachhaltig, ansprechend.*

Der »Weinrambo«: *geiler Tropfen, Superstoff, sexy Wein, tolles Tannin, Wahnsinnsgeschmack, höllisches Holunderbouquet, Granatenwein, explosive Kraft, monumental, titanisch, gigantisch.*

Der einfallslose Experte: *komplex, vielschichtig, gute Struktur, mittlerer Körper, glatte Länge, gut eingebundene Säure.*

Der originelle Fabulierer: *»Am Gaumen ist die Hölle los« / »Der Wein ist wie ein Schlag in die Magengrube« / »Zart wie der Biss einer jungen Viper« / »Duftet wie der Schweiß der Engel«.*

Der unnahbare Fachmann: *körniges Tannin, ausgeglichene Adstringenz, feinsandige Textur, gelbe Früchte, oberflächliche Malolaktik, pferdige Terroir-Note.*

Der kunstsinnige Fachmann: *»...wie eine Fuge von Bach« / »Üppig wie eine Figur von Rubens...« / »Heiter wie ein Menuett von Mozart...« / »Das Bouquet ist wie vom Winde verweht...«.*

Der moderne »Weinsoftie«: *lecker, echt köstlich, chic, richtig nett.*

Der Wein und seine Aromen

Der Wein ist das an Aromen vielfältigste Produkt der Natur. Den Sinn für seine Feinheiten besitzt nicht jeder. Aber für jeden ist es eine Herausforderung, ihn zu schärfen. »Man lehrt uns Lesen, Schreiben, Rechnen. Warum nicht auch Riechen?« wundert sich der französische Duftforscher Jean Lenoir.

Geschmack und Duft des Weins

Chemisch betrachtet, ist Wein eine Mischung von Wasser, Alkohol, verschiedenen Säuren und ihren Nebenprodukten. Diese Grundsubstanzen können unzählige Verbindungen miteinander eingehen. Das reicht, um dem Wein ein kostbares Aroma zu geben. »Wein zu verkosten ist die Grundlage, um Wein zu genießen«, hat Emile Peynaud, Professor für Önologie an der Universität Bordeaux, einmal geschrieben.

Duftsensationen

Duft und Geschmack sind die wichtigsten organoleptischen Eigenschaften des Weins. Für den Duft sind Aldehyde, Ester und Ketone verantwortlich. Doch nur ein kleiner Teil dieser Riechsubstanzen riecht wirklich: die flüchtigen nämlich. Rund 800 solcher Verbindungen sind wissenschaftlich nachgewiesen und lassen sich chemisch exakt identifizieren. Methoxy-2-isobutyl-3-pyrazin ist zum Beispiel ein Molekül, das in den Chinon-Weinen von der Loire (Cabernet Franc) oft vorkommt und ihnen die ebenso kräftige wie charakteristische Note von Pfeffer gibt. Die Geruchsempfindung »Pfeffer« ist jedoch nur eine gedankliche Assoziation. Das entsprechende Molekül ist nicht in jedem Pfeffer nachweisbar. Das Pflaumenaroma, an dem Kenner blind einen reifen Burgunderwein erkennen können, ist in einer echten Pflaumenfrucht gar nicht vorhanden. Genauer gesagt: Das der Pflaumen-Assoziation im Wein zugrunde liegende Molekül existiert in der Frucht nicht.

Wer den Wein im Glas kreisen lässt, intensiviert das Bouquet.

Geschmacksvielfalt

Umgekehrt gilt: Viele Aromenverbindungen sind analytisch im Wein nachweisbar, aber mit den Sinnesorganen nicht wahrnehmbar. Ihre Konzentration ist so gering, dass sie unterhalb der Wahrnehmungsschwelle liegen. Das gilt besonders für den Duft, obwohl die Riechschleimhaut ein sensibleres Organ ist als die Zunge. Das meiste, was der Mensch schmeckt, riecht er in Wirklichkeit. Der Geschmack des Weins reduziert sich auf wenige Grundsubstanzen. Das heißt: Der Geschmack hängt am Alkohol und an den Säuren, die der Wein aufweist. Sie sind dafür verantwortlich, ob ein Wein süß oder bitter, sauer oder salzig schmeckt.

Riechen und Schmecken

Zudem sind die Sinnesorgane der Menschen unterschiedlich geschärft. Der eine registriert Düfte, die der andere gar nicht wahrnimmt. Wein zu genießen bedeutet deshalb, sich auf den Wein zu konzentrieren. Das heißt nicht, sich bei jedem Schluck meditativ in den Wein zu versenken. Die Wahrnehmung des Duftes wird zum Beispiel dadurch erleichtert, dass man den Wein im Glas kurz kreisen lässt und dann hineinriecht. Der zusätzliche Luftkontakt verstärkt den Duft. Doch Vorsicht: Beim Kreisenlassen schwappt der Wein leicht über. Wer unsicher ist, sollte das Glas nicht freihändig, sondern auf dem Tisch stehend kreisen lassen.

Der Geschmack des Weins wird durch »Wiegen« und »Kauen« auf der Zunge intensiviert. Dabei umspült der Wein die Papillen der Zunge und stimuliert sie. Das geräuschvolle Einsaugen von Luft mag bei der Verkostung von Wein notwendig sein, in Gesellschaft hingegen ist ostentatives Schlürfen von Wein unangebracht.

Betrachten des Weins: Weißweine müssen immer vollkommen klar und transparent sein. Rotweine sollten außer einem eventuellen Depot keinen Trub aufweisen.

Schlieren am Glasrand: Viele »Tränen« oder »Kirchenfenster« am Glasrand bedeuten, dass es sich um einen vollmundigen, alkoholreichen Wein handelt.

Die Geruchsprobe: Sie sagt mehr über die Weinqualität aus als die Geschmacksprobe. Alle Fehler, aber auch die geschmacklichen Eigenarten des Weins, teilen sich im Duft mit.

Die Attacke: Die erste Berührung des Weins mit der Zunge heißt »Attacke«. Dabei wird vor allem die Fruchtsüße wahrgenommen und als angenehm oder unangenehm empfunden.

Das »Kauen« des Weins: Beim Kauen zeigt sich, ob ein Wein schon »hinter den Zähnen aufhört« oder mehr bietet – komplexere Aromen, feinere Tannine, größere Tiefe.

Das »Finale«: Nach dem Schlucken erst zeigt sich, ob und wie lange ein Wein nachklingt. Fachleute sprechen von einem kurzen oder langen Abgang.

Die verschiedenen Aromen des Weins

Der Geschmack des Weins setzt sich aus vielen verschiedenen Aromen zusammen. Der Weintrinker erkennt sie nicht im Einzelnen. Er merkt sich lediglich den Gesamtgeschmack des Weins und formt aus ihm ein Geschmacksbild. Die einzelnen Aromen erkennen, unterscheiden und benennen zu können, darin liegt die hohe Schule der Degustation.

»Le Nez du Vin«

Der französische Winzersohn Jean Lenoir arbeitet seit 20 Jahren daran, die Düfte des Weins einzufangen und in Riechfläschen zu konservieren. Auf diese Weise können alle, die sich in der Verkostung des Weins üben wollen, Gerüche wie Grapefruit, Walnuss, grüne Paprika, Leder oder geröstetes Brot unterscheiden lernen. 54 typische Weindüfte hat er in seinem Duftkompendium »Le Nez du Vin« zusammengetragen. Dabei unterscheidet er, wie in Frankreich üblich, zwischen den Primäraromen, den Sekundäraromen und Tertiäraromen.

Primär- und Sekundäraromen

Mit Primäraromen bezeichnen die Franzosen die sortentypischen Düfte, die schon in den Weintrauben angelegt sind und sich später im Wein wiederfinden. Also blumige, fruchtige oder würzige Noten. Sekundäraromen nennen sie Bouquetstoffe, die während der Gärung neu entstehen. Dabei handelt es sich ebenfalls um fruchtige und würzige Noten, die jedoch nicht in Trauben vorhanden sind, sondern durch enzymatische Reaktionen im gärenden Wein gebildet werden.

Tertiäraromen

Mit Tertiäraromen sind alle Alterungsaromen gemeint. Also Düfte, die durch den Ausbau im Fass und durch die Reife auf der Flasche entstehen. Dabei fallen die fruchtigen und würzigen Moleküle auseinander und verbinden sich mit anderen Molekülen zu oftmals langen Ketten. Auf diese Weise entwickeln sich neue Duft-Sensationen. Viele wirken fremd, einige sogar bizarr. Doch was sich merkwürdig anhört, kann im Wein gut, gar vorzüglich schmecken. Seine Qualität hängt davon ab, wie reich, vielfältig und komplex sich sein Aroma präsentiert. Ein hochwertiger Wein besitzt immer viele Sekundär- und Tertiäraromen, während Primäraromen allein einen Wein eindimensional erscheinen lassen. Auf der Basis dieser Klassifikation lässt sich die Qualität eines Weines leichter beurteilen.

»Le Nez du Vin« enthält 54 Riechfläschchen, in denen der Duft des Weins eingefangen ist.

TIPPS & TRICKS: »ESSENCE TASTING«

Das Weingut von Robert Mondavi im kalifornischen Napa Valley veranstaltet jede Woche für Besucher ein dreistündiges Essence Tasting. Das ist eine Verkostung, bei der die typischen Aromen verschiedener Weine kennen gelernt werden sollen. Neben einem Glas Chardonnay steht ein Glas mit aufgeschnittener Grapefruit, Zitrone und Vanillestange, neben einem Pinot Noir ein Glas mit Himbeeren und gerösteten Eichenspänen. Viele dieser Duftassoziationen können auch ungeübte Teilnehmer unschwer im entsprechenden Wein wiederfinden. Einige wirken auf sie fremd: Champignons für alte Rotweine, Lakritz für Cabernet Sauvignon. Andere Duftassoziationen werden unvorbereiteten Teilnehmern sogar bizarr anmuten: Lederpolster oder gar ranzige Butter. Doch was als Geruchsassoziation befremdlich klingen mag, kann im Wein gut, mitunter sogar vorzüglich schmecken. Rechtzeitige Anmeldung ist für das Essence-Tasting unerlässlich: (www.robertmondaviwinery.com).

Primäraromen	Sekundäraromen	Tertiäraromen
Limone	Honig	Dörrobst
Grapefruit	Lychee	Marmelade
Akazienblüte	Quitte	Rosinen
Veilchen	Birne	Portwein
Rosen	Ananas	Gewürznelke
Kirsche	Papaya	Olivenöl
Schwarze Johannisbeere	Mango	Kakao
Himbeere	Banane	Schokolade
Preiselbeere	Walnuss	Kaffeebohnen
Brombeere	Butter	Zedernholz
Gras	Brotkruste (Hefe)	Süßholz
Brennessel	Safran	Vanille
Grüner Spargel	Schwarzer Pfeffer	Lederpolitur
Grüne Paprika		Karamell
		Teer
		Lakritze
		Champignons
		Moos (Waldboden)
		Tabak

Weinfehler und andere Irritationen

Korkgeschmack ist der bekannteste Weinfehler. Doch es gibt viele andere Fehltöne, die den Genuss eines Weins beeinträchtigen können. Ursache sind fast immer Fehler bei der Weinherstellung oder bei der Weinlagerung. Manche Fehltöne lassen sich im Nachhinein mildern. Einige sind keine Fehler, sondern verschwinden von selbst.

Wein im Ausguss

Für fehlerhafte Weine gibt es kein Pardon. Sie gehören in den Ausguss. Nicht einmal zum Kochen sind sie mehr geeignet. Das gilt insbesondere für Weine mit Korkschmecker. Sie machen den größten Teil der fehlerhaften Weine aus. Zwar gilt offiziell nur ein Prozent der Weine als korkkrank. Doch die Dunkelziffer liegt irgendwo zwischen drei und acht Prozent – Tendenz steigend, wie viele Weinhändler versichern. Andere Weinfehler treten dagegen eher seltener auf. Die Erkenntnisse der modernen Weinwissenschaft sind auch in den letzten Keller vorgedrungen und haben die Methoden der Weinerzeugung von Grund auf verändert. Die geziel-

DIE ELF HÄUFIGSTEN WEINFEHLER

Reduktionsbouquet
Chemische Substanz: Schwefel, Schwefelwasserstoff, Mercaptane, Thiole, Sulfide.
Duft/Geschmack: Schweiß, Muff, Seife, Stallgeruch, Apothekenschrank.
Ursache: Typische Nebenprodukte der Gärung, die normalerweise durch »Belüftung« nach dem Abstich von der Hefe (bzw. nach dem Abzug von der Maische) verschwinden, jedoch im fertigen Wein teilweise auch noch vorhanden sein können und dann erst nach Öffnen der Flasche zu Tage treten.
Diagnose: Kein Weinfehler.
Auftreten: Typisch für junge Rotweine, die nach dem Öffnen unangenehm bzw. erkennbar streng riechen.
Behebung: Wein dekantieren; Flasche eine halbe Stunde lang offen stehen lassen; Wein zehn Minuten im Glas stehen lassen.

Unfrische
Chemische Substanz: Acetaldehyd.
Duft/Geschmack: Unfrisch, Aroma von faulendem Apfel, bei Rotwein Kamille-Duft.
Ursache: Zu viel Kontakt des jungen Weins mit Sauerstoff, etwa beim Umfüllen von einem Fass ins andere oder bei der Flaschenabfüllung. Auch durch ungenügende Schwefelung kann Acetaldehyd entstehen. Manchmal ist der Konsument Schuld an der Unfrische, etwa wenn eine Weinflasche einen Tag oder mehrere Tage offen steht.
Diagnose: Mehr oder minder starke Qualitätsminderung des Weins, wird offiziell jedoch nicht als Weinfehler angesehen.
Auftreten: Tritt sowohl bei Weiß- wie bei Rotweinen auf.
Behebung: Nicht möglich.

Oxydation
Chemische Substanz: Äthylacetat
Duft/Geschmack: Extrem unfrisch, schal, Walnuss-Aroma, maderisiert, ranzig
Ursache: Im Keller praktisch nur durch ungenügende Schwefelung möglich, so dass der Sauerstoff bestimmte Aromaträger im Wein oxydiert.
Diagnose: Im Frühstadium spricht man von »Firne«, später von Oxydation. Im letzten Fall ist der Wein hinüber.
Auftreten: Kommt bei jungen Weinen sehr selten vor – eher bei alten Weinen, bei denen sich im Laufe der Jahre der Vorrat an freier schwefliger Säure bereits abgebaut hat.
Behebung: Nicht möglich. Übrigens oxydieren auch abgestandene Weine schnell.

Fasston
Chemische Substanz: 2-Ethylfenchol u.a.
Duft/Geschmack: Modrig, unsauber, feuchte Erde, schimmelig.
Ursache: Wenn die Weinfässer leer stehen und nicht vor jeder neuen Befüllung mit heißem Wasser und Natriumcarbonat gereinigt werden, können sich in den Fugen Schimmelpilze ansiedeln, die den Wein verderben.
Diagnose: Fehlerhaft. Ist der Fasston schwach ausgeprägt, kann der Wein durchaus noch genießbar sein. Ansonsten gehört er in den Ausguss.
Auftreten: Vorwiegend bei Rotweinen. Mangelnde Fasshygiene tritt bei großen und kleinen Kellereien gleichermaßen auf.
Behebung: Der modrige Fasston verschwindet nie aus dem Wein.

Flüchtige Säure
Chemische Substanz: Äthylacetat.
Duft/Geschmack: Nagellackentferner, Schellack, Lösungsmittel, Uhu-Klebstoff.
Ursache: Durch eine zu schnelle Gärung mit zu hohen Gärtemperaturen entsteht vermehrt Essigsäure. Sie ist die wichtigste flüchtige Säure im Wein. Kommt der Wein nach dem Öffnen der Flasche mit Sauerstoff in Berührung, verfliegt sie sofort.
Diagnose: Ab einer Konzentration von 1,2 Gramm pro Liter ist die Säure deutlich schmeckbar, über 1,5 Gramm gilt sie als fehlerhaft. Weintrinker verschiedener Kontinente reagieren unterschiedlich auf flüchtige Säure.
Auftreten: Rot- und Weißweine.
Behebung: Bei schweren, alkoholreichen Rotweinen wird flüchtige Säure eher toleriert als bei leichten Weißweinen.

Milchsäureton
Chemische Substanz: Diacetyl.
Duft/Geschmack: Riecht nach Milchpulver, Molke, teilweise auch wie Sauerkraut.
Ursache: Durch ungenügende Schwefelung nach der alkoholischen Gärung entstehend. Das heißt: die Milchsäurebakterien, die den biologischen Säureabbau bewerkstelligen, sind weiterhin aktiv und bringen, neben der

te, schnelle Lese, die kurzfristige Anlieferung und Verarbeitung der Trauben, die Kontrolle der Gärtemperatur, die Verfügbarkeit von Reinzuchthefen, die größere Hygiene im Keller – all das hat das Auftreten von Essigstich, Milchsäureton, Mercaptanböcksern und Fasstönen stark reduziert. Die Kellermeister sind in der Regel besser ausgebildet als früher. Die Kellertechnik ist ausgereifter. Und die Weintrinker sind anspruchsvoller. Unfrische, gar oxydierte Weine, vor 20 Jahren in vielen Gegenden Europas ein ständiges Ärgernis, sind heute nicht mehr verkäuflich. Die Konkurrenz auf dem Weinmarkt ist groß. Weintrinker können inzwischen überall Vergleiche anstellen.

Eigennote oder Fehlton?

Freilich steckt nicht hinter jeder Geschmacksirritation ein Weinfehler. Gerade bei hochklassigen Weinen kommt die Individualität des Bodens und des Klimas zum Ausdruck. Einige dieser Weine, egal ob sie von der Rhône oder aus Sardinien, aus der spanischen Estremadura oder aus Bordeaux stammen, können eigenwillige Geschmackstöne aufweisen: mal streng, mal chemisch, mal einfach nur ungewohnt. Solche Töne bereichern das Aroma des Weins. Sie sorgen dafür, dass er unverwechselbar wird. Anspruchsvolle Weintrinker suchen geradezu nach Weinen mit eigenem Geschmacksprofil. Eigennote und Fehlton liegen daher manchmal dicht beieinander.

Milchsäure, andere Nebenprodukte hervor, zum Beispiel Diacetyl.
Diagnose: Unterschiedliche Bewertung. Ein leichter Milchsäureton stört die Reintönigkeit des Weins. Ein richtiger Milchsäurestich bewirkt, dass der Wein nicht verkehrsfähig ist.
Auftreten: Vor allem in Weißweinen anzutreffen.
Behebung: Meist ist der Wein irreparabel verdorben.

»Mäuseln«
Chemische Substanz: Brettanomyces- und Dekkera-Hefen.
Duft/Geschmack: Riecht metallisch-streng, oft auch nach Kuhstall, Mist, Gülle.
Ursache: Eine bestimmte, in Weinbergen nicht selten vorkommende Gattung von Hefen, die Brettanomyces , gibt dem Weinen einen stinkigen Ton geben, wenn sie nicht durch Schwefelung unschädlich gemacht wird.
Diagnose: Kein eindeutiger Weinfehler. Moderne Weintrinker sind empfindlicher gegen das »Mäuseln« als traditionelle Weintrinker.
Auftreten: Kommt fast nur in Rotweinen vor.
Behebung: In kleiner Dosierung tolerabel. Ansonsten wenig delikat.

Schwefel
Chemische Substanz: Schwefeldioxyd.
Duft/Geschmack: Riecht wie abbrennende Streichhölzer, leicht prickelnd oder stechend in der Nase.
Ursache: Überschwefelung des Weins.
Diagnose: Weinfehler.
Auftreten: Tritt meist bei Weißweinen auf und kann das ganze Bouquet verfälschen. Selten bei Rotweinen, weil diese weniger stark geschwefelt werden.
Behebung: Durch »Lüften« des Weins, etwa durch Dekantieren, kann der Schwefelgeruch gemildert werden.

Mercaptan
Chemische Substanz: Hydrogensulfid.
Duft/Geschmack: faule Eier, Stinktier, Zwiebel, Knoblauch, Blumenkohl.
Ursache: Die Ursachen sind vielfältig. Auslöser ist stets Hydrogensulfit, das bei Stickstoffmangel entweder durch bestimmte Hefen oder durch eine zu warme Gärung, aber auch durch Verwendung bestimmter Fungizide im Weinberg enstehen kann. Wird das Hydrogensulfit nach der Gärung nicht vom Kellermeister beseitigt, reagiert es mit Alkohol und bildet Ethylmercaptane, von denen dann die übelriechenden Düfte ausgehen.
Diagnose: Weinfehler.
Auftreten: Heute relativ selten.
Behebung: einmal abgefüllt, besteht keine Möglichkeit mehr, den Fehlton zu eliminieren.

Korkton
Chemische Substanz: Trichloranisol.
Duft/Geschmack: Muffig, dumpf, schimmelig.
Ursache: Entsteht durch die Stoffwechselprodukte von Schimmelpilzen, die bei der Desinfektion der Korkrinde nicht getötet worden sind.
Diagnose: Weinfehler.

Korkschmecker sind die häufigsten Weinfehler. Meist riecht schon der Korken muffig.

Auftreten: In den letzten Jahren immer häufiger. Die Dunkelziffer schwankt zwischen drei und acht Prozent.
Behebung: Nicht möglich.

Überholzung
Duft/Geschmack: Intensiv süße Vanille, getoastetes Holz, frische Sägespäne.
Ursache: Hervorgerufen durch zu lange Lagerung des Weins in kleinen, neuen Fässern aus Eichenholz (Barriques), auch durch zu starkes Toasten der Fässer vor dem Gebrauch.
Diagnose: Kein Weinfehler, aber Qualitätsverlust. Das natürliche Aroma des Weins wird »maskiert«. Er riecht und schmeckt nur noch nach Holz. Allerdings variiert die Toleranz gegenüber neuem Holz von Land zu Land und von Weintrinker zu Weintrinker.
Auftreten: Häufig bei Überseeweinen.
Behebung: Nicht möglich.

Superschmecker und »Schmeckblinde«

Gibt es Menschen, die eine feinere Zunge haben als andere? Gibt es »Schmeckblinde«, denen die Welt der Weinaromen verborgen bleibt? Ist die Fähigkeit zu riechen und zu schmecken angeboren? So viel ist sicher: Die Sinnesorgane sind bei den Menschen unterschiedlich ausgeprägt. Wenn einige weniger schmecken als andere, sind jedoch nicht immer nur Nase und Zunge Schuld.

Die Nase ist ein sensibleres Sinnesorgan als die Zunge: Meistens riecht man, was man zu schmecken glaubt.

Was schmecken wir wo und wie?

Gaumen, Rachen und Zunge sind mit mehreren tausend Geschmacksknospen besetzt, die auf chemische Verbindungen empfindlich reagieren. Die größte Anzahl an Geschmacksknopsen befinden sich an der Zungenspitze und an den Zungenrändern. Die Zunge ist für Schmeckempfindungen daher wichtiger als Gaumen und Rachenraum. Allerdings ist die Menge der Geschmacksknospen von Mensch zu Mensch verschieden. Manchmal beträgt ihre Zahl nur knapp 100, manchmal gut 400 pro Quadratzentimeter – je nach Erbanlagen. Superschmecker mit 400 Geschmacksknospen reagieren zum Beispiel stark auf scharfe Gewürze, während Menschen mit nur 100 Geschmacksknospen fast als »schmeckblind« gelten können. Zumindest ist ihre Wahrnehmungsschwelle stark herabgesetzt. Beide Gruppen umfassen je 25 Prozent der Bevölkerung. 50 Prozent der Menschen gelten als Normalschmecker. Allerdings nimmt die Schmeckfähigkeit im Laufe des Lebens kontinuierlich ab. Mit 80 Jahren besitzt der Mensch nur noch ein Drittel der Geschmacksknospen, über die er mit 20 Jahren noch verfügte. Dieser Abbauprozess ist nicht aufzuhalten. Zudem kann die Zunge nur vier Geschmacksrichtungen wahrnehmen: süß, sauer, salzig und bitter. Zu feineren Unterscheidungen ist die Zunge nicht fähig. Die Zentren für die Wahrnehmung dieser Geschmacksunterschiede liegen in verschiedenen Zonen auf der Zunge. Dort konzentrieren sich die Geschmacksknospen.

Die Nase

Ein erheblich sensibleres Sinnesorgan als die Zunge ist jedenfalls die Nase. Genauer gesagt: die Riechschleimhaut. Sie ist mit etwa 1,5 Millionen Riechzellen besiedelt, die ein breites Spektrum von Gerüchen unterscheiden können. Das meiste, was der Mensch zu schmecken glaubt, riecht er in Wirklichkeit. Die Schwelle, ab der Gerüche wahrgenommen werden, ist bei den Menschen unterschiedlich ausgeprägt. Auch sie nimmt mit zunehmendem Alter ab. Im Gegensatz zum Schmecken kann der Riechsinn jedoch trainiert werden. Das heißt: Auch alte Weintrinker können eine

»Supernase« haben, während untrainierte, junge Menschen in punkto Wein durchaus »Nichtriecher« sein können. Wenn man mit der Nase besser »schmeckt« als mit der Zunge, stellt sich die Frage: Weshalb möchten Weintrinker den Wein unbedingt kosten? Ganz einfach: Weil die Geschmacksknospen nicht nur schmecken, sondern auch tasten. Sie sind mit dem Trigeminus-Nerv verbunden, über den die Tastempfindungen an das Gehirn weitergeleitet werden. Mit der Zunge wird daher auch die Viskosität (Dickflüssigkeit) des Weins, seine Samtigkeit (oder Rauheit) und seine Temperatur erlebt.

RIECHEN UND SCHMECKEN

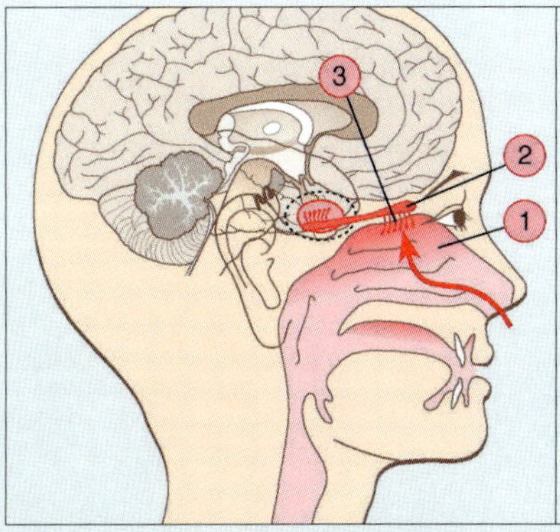

Riechreiz: Die Geruchsmoleküle gelangen durch die Nase (1) an den Riechkolben (2). Über die Cilien (3, Härchen) wird der chemische Reiz in ein elektrisches Signal umgewandelt.

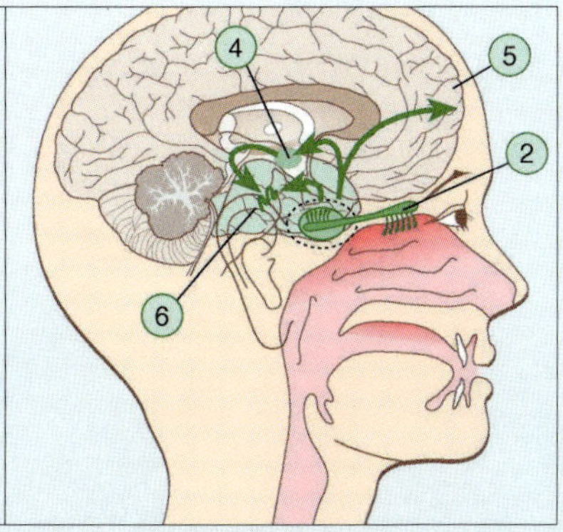

Geruchswahrnehmung: Auf dem Weg vom Riechkolben (2) zum Großhirn passiert der Duftreiz zunächst den Hypothalamus (4), der Lust- und Unlustempfindungen auslöst. Erst danach wird der Geruch im Cortex (5) bewusst erlebt. Im Schläfengehirn (6, Hippocampus) wird das Geruchsbild gespeichert.

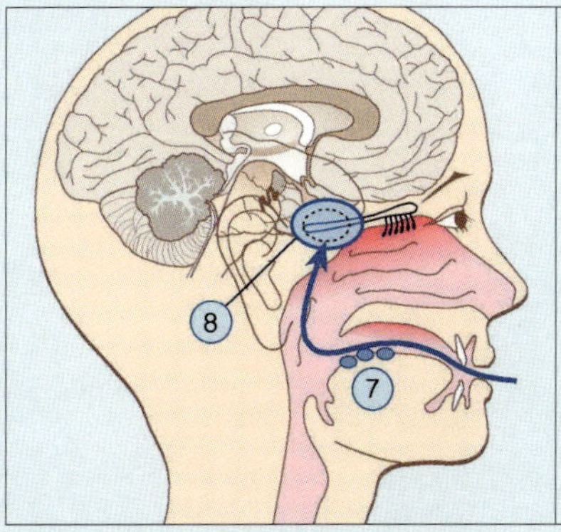

Schmeckreiz: Der Wein auf der Zunge reizt die Geschmacksknospen (7), die mit dem Schmeckzentrum (8, Gyrus hippocampi) im Cortex verbunden sind. Auf dem Weg dorthin wird er als angenehm oder unangenehm erlebt. Gleichzeitig wird der Wein über den Trigeminus-Nerv »ertastet«.

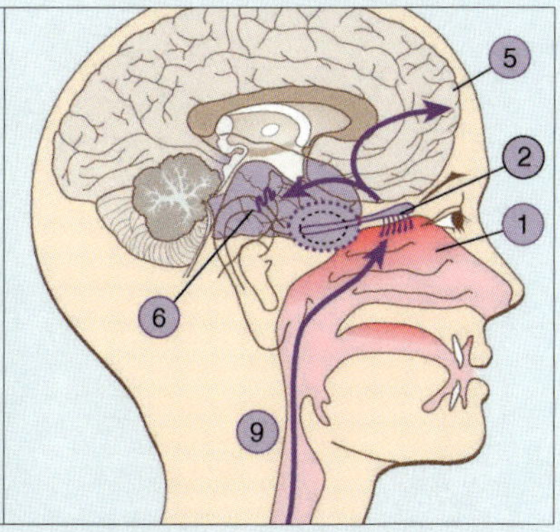

Riechen retronasal: Nach dem Schlucken steigt der Duft des Weins im Hals (9) wieder auf und gelangt in die Nasenhöhle (1). Über den Riechkolben (2) wird der Riechreiz nochmals in den Cortex (5) geleitet, mit dem im Geruchsgedächtnis (6) abgelegten »Bild« verglichen, identifiziert und so neu erlebt.

TIPPS & TRICKS: SCHMECKTEST

Mit einem einfachen Test lässt sich feststellen, ob man zur Gruppe der Nichtschmecker oder zu der der Normalschmecker gehört. Mit einem Teelöffel verkostet man einmal blind Frischmilch (3,5% Fett) und ein anderes Mal Sahne (30% Fett). Wenn die Geschmacksknospen die unterschiedliche Viskosität der beiden fetthaltigen Substanzen nicht unterscheiden können, zählt man zu den Nichtschmeckern, die auch andere Geschmacksunterschiede nur unzureichend wahrnehmen.

WIE DIE ZUNGE SCHMECKT

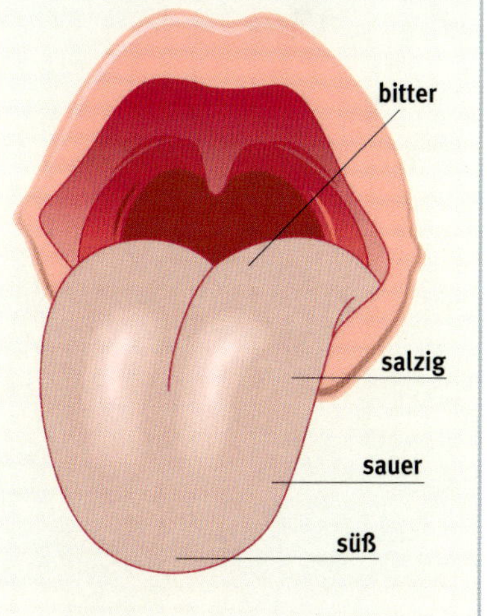

Die Zunge kann nur vier Geschmacksempfindungen wahrnehmen, zu mehr Unterscheidungen ist sie nicht fähig.

Wie ein Wein schmecken »muss«

Jede Rebsorte besitzt ihr eigenes, typisches Aroma. Bei Weißweinen, die meist sortenrein gekeltert sind, ist die Sorte für erfahrene Weintrinker daher relativ leicht zu erkennen. Bei Rotweinen ist die Erkennung schwieriger. Sie sind oft aus mehreren Traubensorten hergestellt.

Weißweine

Weine, die nur aus einer Rebsorte gewonnen sind, sollten sortentypisch »rein« schmecken. Insbesondere bei Weißweinen ist Sortentypizität ein Qualitätskriterium. Doch auch das »Terroir« hat einen großen Einfluss auf den Wein. So nennen die Franzosen das Zusammenspiel von Lage, Boden und Klima. Das heißt: Das typische Aroma einer Sorte wechselt von Anbaugebiet zu Anbaugebiet. Auch wenn sie aus der gleichen Rebsorte gewonnen sind, ähneln sich viele Weißweine nur entfernt. Beispiel: Chablis und Pouilly Fuissé. Beide Weine werden aus der Chardonnay-Traube erzeugt und wachsen auf kalk- und tonhaltigen Böden; doch der eine gedeiht im Norden, der andere im Süden des Burgund. Resultat: Der Chablis entwickelt Aromen wie Zitrone und Grapefruit, der Pouilly Fuissé solche wie Nüsse, Mandel und Honig.

AROMEN VON WEISSWEINEN

Chardonnay	Haselnuss, Honigmelone, Zitrone, Grapefruit, Banane
Chasselas	Grüner Apfel, Margeritenblüte
Chenin Blanc	Apfel, Haselnuss, Mandarine
Cortese	Klarapfel, Zitronenblüte
Fiano	Quitte, Ananas, Mandarine, Honig, Haselnüsse
Gewürztraminer	Teerosen, Lychee, Feigen, Quittenbrot
Grüner Veltliner	Paprika, Erbsenschoten, Pfeffer
Muscadet	Grapefruit, Zitronenschale, Anis
Neuburger	Apfel, Haselnuss
Pinot Blanc	Birne, Quittenkompott, Tee
Pinot Gris	Kartoffel, Brot, geröstete Haselnüsse, Speck
Prosecco	Lychee, Zitronenblüte
Riesling	Pfirsich, Aprikosen, Honigmelone, Petrol
Sauvignon Blanc	Paprika, grüne Tomaten, schwarze Johannisbeere, Stachelbeere
Sémillon	Pfirsich, Ananas, Honig, Safran
Silvaner	Apfel, Kartoffel, Fenchel, Sellerie
Tocai	Apfel, Lindenblüte
Trebbiano	Apfel, frisches Brot
Verdicchio	Quitte, Birne, Heu, Orangenschale
Vermentino	Apfel, Zitronenmelisse, frisches Heu
Viognier	Aprikose, Birne, Zitronengras, Mandeln, Honig
Welschriesling	Apfel, Akazienduft

Rotweine

Bei Rotweinen variiert das typische Sortenaroma noch stärker. Ein chilenischer Cabernet Sauvignon weist neben der charakteristischen Cassis-Note, die für alle Cabernets der Welt typisch ist, einen Ton auf, der an Minze oder Eukalyptus-Bonbons erinnert. Erfahrene Weintrinker können chilenische Cabernets an dieser Note blind erkennen. Ein Cabernet aus Bordeaux zeigt nie einen Eukalyptus-Ton, stattdessen eine Zedernholz-Note. Hinzu kommt, dass die meisten Rotweine aus mehreren Rebsorten gekeltert sind. Dadurch vermischen sich die Aromen stärker als bei Weißweinen. Aber nicht nur Terroir-Unterschiede schlagen bei Rotweinen erkennbar durch. Auch der Einfluss des Kellermeisters tritt bei ihnen deutlicher zu Tage als bei den meisten Weißweinen. Die Möglichkeiten, Einfluss zu nehmen, sind also insgesamt größer – so zum Beispiel während der Maischegärung oder während der Reifezeit im Holzfass (Weißweine machen keine Maischegärung durch und werden selten im Holzfass ausgebaut).

AROMEN VON ROTWEINEN

Aglianico	Pflaumen, Veilchen, Wildbret
Barbera	Sauerkirschen, Gewürznelken, Marmelade, Tabak
Blauer Zweigelt	Kirschsaft, Fliederbeere, Gewürznelke
Blaufränkisch	Brombeeren, Kirschkonfitüre, Moschus, Bitterschokolade
Cabernet Franc	Blaubeeren, grüner Pfeffer, Paprikaschote, Gras
Cabernet Sauvignon	Cassis, Zedernholz, schwarzer Pfeffer, Gewürznelke, Eukalyptus
Carignan	Fruchtkompott, Blaubeeren, Lorbeer, Rosmarin
Gamay	Himbeerdrops, Banane, Gewürznelken
Grenache	Brombeermarmelade, Rosinen, Tabak
Malbec	Sauerkirschen, Pflaumenmus, Pfeffer, Zimt
Merlot	Brombeere, Cassis, Backpflaumen, Trüffel
Mourvèdre	Fruchtkompott, Leder, Wildgeruch
Nebbiolo	Kirschkompott, Zimt, getrocknete Blumen, Teer
Pinot Noir	Himbeere, Kirschmarmelade, Pflaumen, Gewürznelke
Pinotage	Sauerkirsche, Pflaumen, Banane, Pfeffer, Zimt
Sangiovese	Brombeere, Preiselbeere, grünes Holz, Leder, Vanille
Syrah (Shiraz)	Schwarze Johannisbeere, Trüffel, abgehangenes Fleisch, Veilchen
Tannat	Maulbeere, Blaubeeren, Zedernholz, Pfeffer, abgehangenes Fleisch
Tempranillo	Brombeeren, Preiselbeeren, Cassis, Sandelholz, Moschus
Zinfandel	Schwarze Johannisbeeren, Pflaumenmus, Banane, Pfeffer

Wein und Gesundheit

»Wenn Gott das Trinken verboten hätte, warum lässt er dann so gute Weine wachsen?« provozierte der französische Kardinal Richelieu seine klerikalen Zeitgenossen. Als Gottesmann hatte er die grassierende Trunksucht seiner Zeit zu geißeln. Als Mensch des absolutistischen Zeitalters wusste er den leiblichen Genuss zu schätzen. Dass dieser, was den Wein angeht, nicht auf Kosten der Gesundheit gehen muss, wusste er besser als mancher Laie von heute.

VIN DE BORDEAUX
Château
Les Vieux Rocs
1994
LUSSAC ST-ÉMILION
LUSSAC ST-ÉMILION CONTROLÉE
A. VILAIN-TIERNY
PROPRIÉTAIRE A LUSSAC - GIRONDE
75 cl
FRANCE
BOUTEILLE AU CHATEAU

Wein und Kopfschmerzen

Viele Menschen merken gar nicht, dass ihr Körper den Alkohol langsamer verarbeitet, als sie ihn zu sich nehmen. Um den Alkohol von nur einem Glas Wein vollständig abzubauen, braucht der Körper etwa eine Stunde. Wird ihm mehr Alkohol zugeführt, kann das unangenehme Folgen haben: Schmerzen im Kopf und und Übelkeit im Magen. Signale, dass der Weintrinker seine Grenzen überschritten hat.

Gegen Kopfschmerzen gibt es nur ein wirksames Mittel: Acetylsalizylsäure. Sie ist in allen Kopfschmerztabletten enthalten.

Der »Kater«

Jeder kennt den Zustand: erst Benommenheit und Schwindel, dann dröhnende Kopfschmerzen, schließlich Erbrechen und moralische Zerknirschung – die »Rache« für erhöhten Alkoholgenuss am Abend zuvor. Der Volksmund nennt den Zustand »Kater«. Das Wort ist die Abkürzung für Katzenjammer. Der Katzenjammer nach ausgiebigem Weingenuss ist nicht deshalb weniger unangenehm, weil er durch ein kulturell angesehenes Getränk wie Wein verursacht wurde. Ihn möglichst rasch zu beenden ist der Wunsch eines jeden, der unter ihm leidet. Deshalb hat der »Kater« auch ein Gutes: Er lässt den Weintrinker die individuellen Grenzen seiner Alkoholverträglichkeit erkennen.

Ein Glas pro Stunde

Gut 90 Prozent des Alkohols, den der Mensch zu sich nimmt, wird durch die Leber abgebaut. Sie produziert ein Enzym namens ADH (Aldehyd-Dehydrogenase), das den Alkohol zuerst in den gefährlichen Acetaldehyd, danach in Essigsäure zerlegt. Diese wird vom Körper abgebaut und über den Darm ausgeschieden. Eine durchschnittliche Leber baut pro Stunde etwa 8 bis 10 Gramm Alkohol ab. Das entspricht etwa der Menge, die sich in einem Glas Wein befindet. Jedes Glas, das der Mensch mehr trinkt, kann von der Leber nicht sofort verarbeitet werden. Der Alkohol beziehungsweise der Acetaldehyd gelangt dann in den Blutkreislauf und wird in die stark durchbluteten Teile des Körpers transportiert, etwa in das Gehirn. Die Folgen sind Schwindel und Benommenheit.

Acetaldehyd

Die Kopfschmerzen entstehen durch Erhöhung des Flüssigkeitsdrucks im Gehirn. Der Acetaldehyd zirkuliert nämlich nicht nur im Blut. Wegen seiner guten Wasserlöslichkeit dringt er direkt ins Gewebe ein. Er erweitert die Gewebezellen, so dass diese Wasser freigeben – ähnlich wie bei einem ausgedrückten Schwamm. Der Mensch beginnt zu schwitzen. Der Entwässerungseffekt macht sich auch im Inneren bemerkbar, vor allem im gut durchbluteten Gehirn. Da das Wasser, das dort freigesetzt wird, nicht entweichen kann, entsteht Überdruck, der als Kopfschmerz wahrgenommen wird. Der hohe Gehalt an Acetaldehyd im Körper wird sogar gerochen: als »Alkoholfahne«.

Mann und Frau

Männer produzieren deutlich mehr ADH als Frauen und können den Alkohol schneller abbauen. Aus diesem Grund vertragen Frauen in aller Regel weniger Alkohol. Doch es gibt Ausnahmen. Neben ADH existiert nämlich ein weiteres Enzym, das Alkohol abbaut. Es heißt MEOS (mikrosomales Äthanol-oxydierendes System) und es verarbeitet normalerweise nur fünf Prozent der aufgenommenen Alkoholmenge. Durch häufigen Alkoholgenuss steigert sich dieses System jedoch – im Gegensatz zu ADH – und zwar bis auf 30 Prozent. Dennoch bleibt festzuhalten: Schon zwei Gläser Wein in einer Stunde überfordern den Organismus – gleich ob Mann oder Frau. Schaumwein und »Schorle« beschleunigen sogar den Übertritt von Alkohol ins Blut. Gleiches gilt für süße Weine. Bei Schaum- und Likörweinen sollten Weintrinker besonders vorsichtig sein.

Schwefel und Histamin

Zu hoher Alkoholgenuss ist die mit Abstand häufigste, aber nicht die einzige Ursache für Kopfschmerzen nach dem Weingenuss. Auch ein hoher Anteil an schwefliger Säure im Wein kann bei empfindlichen Menschen zu Kopfschmerzen führen. Allerdings ist der Prozentsatz der Menschen, die auf Schwefel reagieren, gering. Schwefel führt eher zu Bauchschmerzen, weil die schweflige Säure sich im sauren Magenmilieu wieder in ihre Bestandteile aufspalten kann. Histamin kann ebenfalls Kopfschmerzen hervorrufen. Es führt zu erhöhter Blutzirkulation, ähnlich wie bei Schwellungen nach einem Insektenstich. Histamin ist ein unerwünschtes Nebenprodukt beim biologischen Säureabbau, den viele Chardonnays und alle Rotweine durchmachen. Es tritt jedoch nur selten auf. Dann reichen sogar schon kleine Mengen Histamin (5 bis 8 Milligramm), um die Reaktionen hervorzurufen.

TIPPS & TRICKS: DEN KOPFSCHMERZ BEKÄMPFEN

Gegen Kopfschmerz und »Kater« gibt es nur ein Wundermittel: die Acetylsalizylsäure. Sie ist der Grundstoff für alle Kopfschmerztabletten. Einem »Kater« kann also vorgebeugt werden, wenn man vor dem Schlafengehen eine oder zwei Kopfschmerztabletten einnimmt, etwa Aspirin oder ASS. Als Brausetabletten erhöhen sie die Resorption der Acetylsalizylsäure. Ob die Einnahme von Fructose den Abbau des Alkohols beschleunigt, ist umstritten. Ist der »Kater« schon eingetreten, ist es meist zu spät für Tabletten. Der Magen kann sie dann nicht mehr verarbeiten. Übrigens: Nikotin während des Weingenusses verstärkt die Wirkungen des Alkohols. Wassertrinken beschleunigt – entgegen zahlreicher Empfehlungen – die schnelle Ausbreitung des Alkohols im Körper.

Wein und der Magen

Bei einigen Menschen führen Weißweine regelmäßig zu Sodbrennen und Magengrimmen, andere reagieren bei Rotwein mit Herzjagen. Manchmal sind es auch nur bestimmte Rot- oder bestimmte Weißweine, die solche Reaktionen hervorrufen – selbst wenn von ihnen nur ein Glas getrunken wurde.

Wein im Magen

Endstation des einverleibten Alkohols ist der Magen – zumindest die vorläufige Endstation. Kaum angekommen, stimuliert er die Produktion von Magensäure, die Fett und Eiweiß spaltet und so Verdauung ermöglicht. Deshalb wird Wein in allen Kulturen gern zum Essen getrunken. Magensäure besteht aus Pepsin und Salzsäure. Sie sorgt dafür, dass das saure Milieu im Magen einen ph-Wert von unter 1 aufweist: sehr sauer also. Bei Menschen mit hoher Magensäureproduktion kann Alkohol in größeren Mengen daher zur Reizung der Magenschleimhaut führen. Das gilt für Alkohol allgemein. Beim Wein kommt die Säure dazu. Sie reizt bei überempfindlichen Menschen schon bei geringem Weingenuss die Magenschleimhaut und den Zwölffingerdarm. Besonders Weißwein mit erhöhter Säure (ph-Wert von 2,8 bis 3) kann bei ihnen zu Magenschmerzen, Sodbrennen und zu Magenschleimhautentzündung führen. Auch bei Leuten, die nicht überempfindlich sind, ist zu schneller Alkoholkonsum problematisch. Er hemmt die Tätigkeit der Hormone, die Magensäure produzieren. Es entsteht eine Untersäuerung. Gleichzeitig aufgenommene Nahrung bleibt unverdaut zurück. Resultat: Völlegefühl und Müdigkeit.

Ein Rollmops zum »Katerfrühstück« kann die aus dem Gleichgewicht geratenen Säureverhältnisse im Magen wiederherstellen.

Nervensystem

Der Alkohol selbst wird durch Magen und Darm resorbiert und zur Leber transportiert. Bei nüchternem Magen braucht der Alkohol eines Glases Wein nur 40 Minuten, um in die Leber zu gelangen, wo er verarbeitet wird. Das heißt: Er wird zunächst zu Acetaldehyd oxydiert und danach in Acetat (Essigsäure) transformiert, das dann langsam in Gewebe und Muskulatur abgebaut wird. Problematisch wird es bei zu schnellem Trinken. Dann werden in kurzer Zeit große Mengen Alkohol angeflutet, die die Leber nicht bewältigen kann. Alkohol und Acetaldehyd bleiben im Blut. Da beide Stoffe wasserlöslich sind, dringen sie von dort weiter ins Gewebe ein und attackieren das Zentralnervensystem. Wahrnehmungsschwäche, Benommenheit und Gleichgewichtsstörungen sind die ersten Symptome zu schnellen Alkoholgenusses. Durch den Alkohol werden die Gefäße erweitert, was zu vermehrter Entwässerung (Schwitzen) und Urinausscheidung führt. Das Acetaldehyd wird sogar in der Atemluft wahrgenommen – als »Alkoholfahne«.

Übelkeit

Allergien gegen Wein oder einzelne Inhaltsstoffe des Weins sind äußerst selten. Hautausschläge oder Asthma treten nur ganz vereinzelt auf. Und Erbrechen ist nie eine allergische Reaktion, sondern allein eine Folge allzu ausgiebigen Weingenusses. Es gehört zu den typischen Folgeerscheinungen des »Katers«. Durch den wiederkehrenden Brechreiz wird der Magen nicht nur von fester Nahrung, sondern auch von jeglicher Magensäure entleert. Als entsprechend angenehm wird es empfunden, wenn dem Magen nach der ersten Erholung wieder Säure zugeführt wird. Dadurch gelangte das »Katerfrühstück« mit dem sauren Rollmops oder mit sauren Gurken zur Berühmtheit. Die Geschwindigkeit, mit der der Körper den Alkohol verarbeitet, hängt unter anderem vom Inhalt des Magens ab. Fett- und eiweißreiche Nahrung verlangsamen die Resorption des Alkohols. Die stärksten Bremser sind Käse und Milch. Auch scharfe Speisen verlangsamen den Durchtritt durch die Magen- und Darmwand. Bei vollem Magen kann es ein bis zwei Stunden dauern, bis der Alkohol von einem Glas Wein ins Blut eingetreten ist, bei leerem Magen passiert das innerhalb von 40 Minuten.

Kalorien

Wein ist ein Kalorienspender. Den größten Teil der Kalorien liefert der Alkohol. Eine 0,75-Liter fassende Flasche Wein enthält durchschnittlich 500 Kalorien. Regelmäßiger Weingenuss kann also zum Übergewicht beitragen. Allerdings muss Weinkonsum nicht automatisch eine Zunahme des Gewichts bewirken. Normal- oder untergewichtige Männer nehmen z. B. nicht unbedingt zu. Umgekehrt gibt Wein bereits übergewichtigen Personen jedoch einen zusätzlichen Gewichtsschub. Der Acetaldehyd bremst den Fettabbau im Gewebe. Das gilt jedoch für Alkohol im Allgemeinen. Wein regt zusätzlich den Appetit an und animiert zum Verzehr größerer Nahrungsmengen. Insgesamt hängt die Gewichtsabnahme oder -zunahme also davon ab, wie es um den Stoffwechsel des Weintrinkers generell bestellt ist.

TIPPS & TRICKS: ÜBELKEIT

Der Wasser- und Kochsalzverlust des Körpers durch Verdunstung und Schwitzen muss durch große Mengen Flüssigkeit ausgeglichen werden. Allerdings sollte kein reines Leitungs- oder Mineralwasser getrunken werden. Tees oder warme Suppen sind besser. Auch Süße hilft, den Unterzucker im Blut wieder auszugleichen. Nicht zufällig sind Coca Cola und Salzstangen ein beliebtes Mittel, um nach Übelkeit und Erbrechen schnell zu regenerieren. Ein Stück roher Ingwer kann den Würgereiz hemmen und den Magen beruhigen. Kopfschmerz und Übelkeit mit einem weiteren Glas Wein oder Schnaps zu lindern, mag erfolgreich sein, ist aber gefährlich. Wenn Alkohol mit Alkohol bekämpft wird, ist der erste Schritt zur Sucht getan.

ALKOHOL ALS DICKMACHER

8 Vol.%	325 cal / 87 cal
9 Vol.%	366 cal / 98 cal
10 Vol.%	413 cal / 110 cal
11 Vol.%	450 cal /120 cal
12 Vol.%	498 cal /133 cal
13 Vol.%	535 cal /143 cal
14 Vol.%	578 cal /154 cal
15 Vol.%	620 cal /165 cal

Menge der Kalorien, die eine Flasche Wein (0,75 l) bzw. ein Glas Wein (0,2 l) je nach Alkoholgehalt enthält.

Wein und das Herz

Das Verhältnis des Menschen zum Wein war immer ambivalent. Einerseits wurde er als Kultgetränk gefeiert, andererseits als Droge bekämpft. Die positiven Wirkungen des Weingenusses wurden bis vor kurzem in der Öffentlichkeit ignoriert. Die Lage änderte sich schlagartig im Jahre 1991. Das »Französische Paradoxon« wurde entdeckt. Seitdem gilt, dass mäßiger Weingenuss gesünder ist als Abstinenz.

Mäßiger Weinkonsum

Am 17. November 1991 strahlte die CBS im amerikanischen Fernsehen eine neue Folge ihrer regelmäßigen Diskussionssendung »60 Minutes« aus. Das Thema: Gesunde Ernährung. Der Moderator Morley Safer hob ein Glas Rotwein in die Höhe und erklärte, möglicherweise liege der Grund für die niedrige Rate an Herzinfarkten in Frankreich im Inhalt dieses Glases. Was dann folgte, elektrisierte die Zuschauer und beschäftigte die amerikanische Nation noch jahrelang. Vor allem aber stellte es die bisherige Diskussion über Wein völlig auf den Kopf. Aus der gefährlichen Droge wurde innerhalb kurzer Zeit eine Medizin gegen die amerikanische Volkskrankheit Nummer eins: den aus einer Verfettung der Koronargefäße resultierenden Herzinfarkt. Die Diskussion erfasste auch die europäische Öffentlichkeit und rief Wissenschaftler, Wein-Lobbyisten und Gesundheitspolitiker auf den Plan. Auf einmal wurde offiziell, was die Menschen in den Weinanbaugebieten aus eigener Erfahrung schon immer wussten: Weinkonsum ist, sofern er moderat ausfällt, Bestandteil einer gesunden Lebensweise. Das gilt besonders für Rotwein.

Weniger Herzinfarkte

Mit welchen Informationen hatte die CBS-Sendung aufgewartet? Sie hatte die Ergebnisse von Untersuchungen über die »ungesunde« Lebensweise männlicher Franzosen zitiert und diese in Beziehung gesetzt zu vergleichbaren Untersuchungen aus Amerika. Danach rauchen französische Männer wesentlich mehr als ihre amerikanischen Geschlechtsgenossen. Sie treiben weniger Sport und nehmen rund dreißig Prozent mehr Fett in Form von Butter, Käse, Schinken oder Stopfleber zu sich. Darüber hinaus trinken die Franzosen bereits zum Mittagessen Rotwein. Insgesamt ist der statistische Rotweinkonsum bei den Franzosen zehnmal höher als der der Amerikaner. Doch auf 100 Franzosen entfallen 30 bis 50 Prozent weniger Herzinfarkte. Dieses »Französische Paradoxon« hat die Wissenschaftler zu dem Schluss verleitet, dass der Rotwein die Folgen der ungesunden Lebensweise kompensiere. Rotwein sei eine Diät, die die Herzkranzgefäße schütze und so die Menschen vor einem Herzinfarkt bewahren könne, vermuteten sie.

Cholesterin

Inzwischen ist die Vermutung zur Gewissheit geworden. Im Rotwein lassen sich nämlich drei Substanzen nachweisen, die eine »antioxydative« Wirkung haben: Quercetin, Catechin und vor allem Res-veratrol. Alle drei gehören zur Gruppe der Phenole. Phenole befinden sich in jedem Wein. Aber im Rotwein sind sie in zehnmal größerer Menge enthalten als im Weißwein. Der Phenol-Anteil ist um so höher, je tanninreicher der Wein ist. Mit anderen Worten: Das Tannin (oder die Gerbsäure) des Weins ist es, was das Herz schützt. Es erhöht die Produktion des HDL-Lipoproteins und senkt die Menge des gefährlichen als Cholesterin bekannten LDL-Lipoproteins. Dieses setzt sich bei fettreicher Ernährung nämlich wie Wachs an den Arterienwänden der Herzkranzgefäße ab, verengt sie und kann Herzinfarkte auslösen. Außerdem bindet es Sauerstoff und entzieht diesen dem Blutstrom, so dass der Herzmuskel unterversorgt ist. Rotwein mit seiner hohen Tanninfracht beugt dem vor. Das Tannin oxydiert das Cholesterin und sorgt dafür, dass es abgebaut wird.

WEIN ALLEIN KANN NICHT SCHÜTZEN

Es gibt wohl kaum einen Menschen auf der Erde, der Wein trinkt, um sich vor einem Herzinfarkt zu schützen. Wein ist ein Genussmittel und wird auch als solches behandelt. Allerdings könnte das Wissen um die das Herz schützende Wirkung dazu führen, ihm ohne gesundheitliche Befürchtungen zuzusprechen und ihn ohne Reue zu genießen. Wer sich gegen Herzinfarkt schützen will, stellt besser seine Ernährung auf fettarme, Cholesterin-arme Kost um. Auch Bewegung ist wichtig. Wem das nicht genug ist, sollte in die Apotheke gehen. Vitamin E-Tabletten und Betakarotin sind – wenn sie regelmäßig eingenommen werden – wegen ihrer antioxydativen Wirkung als wirksamer Koronarschutz bekannt.

Rotwein statt Alkohol

Allerdings dürfen die gutartigen Wirkungen des Tannins nicht als Aufforderung zu einem möglichst hohen Rotweinkonsum missverstanden werden. So gut Wein für das Herz sein mag, so gefährlich kann der in ihm enthaltene Alkohol für Leber, Magen, Darm und das Nervensystem sein, wenn zu viel davon getrunken wird. Deshalb gilt das »Französische Paradoxon« nicht für Schnaps, Bier oder andere Alkoholika, sondern nur für Wein. Und auch nur dann, wenn Wein moderat getrunken wird. Moderater Weinkonsum bedeutet Genuss in Maßen. Anders ausgedrückt: Es gilt, die positiven Eigenschaften des Weins zu nutzen, ohne die negativen zur Wirkung kommen zu lassen.

Tägliche Weinmenge

Allerdings herrscht unter Fachleuten nicht immer Einigkeit darüber, was »moderat« bedeutet. Eine Flasche eines einfachen und eine halbe Flasche eines gehobenen (alkoholreicheren) Weins – das galt unter Landarbeitern früher als eine allgemein zuträgliche Dosis. Allerdings war der einfache Wein so dünn, dass er nach den heutigen Gesetzen gar nicht in den Verkehr gebracht werden dürfte. Oft wurde er auch mit Wasser verdünnt. Heute werden von den Ärzten ein bis zwei Gläser (à 0,1 Liter) für Frauen und knapp 3 Gläser Wein pro Tag für Männer als unbedenklich befunden. Diese Empfehlungen sind von dem Bemühen getragen, jedes Risiko auszuschließen. Würden die Konsumenten die Ärzte beim Wort nehmen, könnten zwei Personen im Restaurant nie eine Flasche Wein bestellen – es sei denn, sie lassen ein Viertel des Inhalts zurück. Die Erfahrung zeigt jedoch, dass gesunde, nicht untergewichtige, diabetesfreie Menschen zu zweit eine Flasche leeren können, ohne Schaden an ihrer Leber zu nehmen – und dies regelmäßig. Der Alkoholgehalt des Weins sollte jedoch beachtet werden. Ein leicht restsüßer deutscher Riesling hat 9 Vol.% Alkohol. Ein schwerer kalifornischer Chardonnay oder ein italienischer Barolo weisen dagegen 14 Vol.% auf – über 50 Prozent mehr. Für Menschen, die nicht körperlich arbeiten und sich wenig bewegen, kann das bereits zu viel sein.

Viele Ärzte, Wissenschaftler und Politiker müssen ihre Vorstellungen von einer gesunden Lebensweise revidieren. Mäßig Wein zu trinken ist gesünder als abstinent zu bleiben – so lautet die Lehre aus dem »Französischen Paradoxon«. Das gilt besonders für tanninhaltige Rotweine.

My
MIS EN BOUTEILLE AU

Wein und was dazugehört

Wein allein ist zu wenig. Das richtige Werkzeug, um die Flasche zu öffnen, und Gefäße, um den Wein auszuschenken, gehören auch dazu. »Wir waren gezwungen, den ganzen Tag Wasser zu trinken, weil er keinen Korkenzieher dabei hatte«, schimpfte der Schriftsteller Robert Louis Stevenson nach einem Treffen mit seinem Verleger.

Die Erstausstattung für Einsteiger und Fortgeschrittene

Wer nur ein Weinglas im Schrank hat, genießt zumindest einen Vorteil: Er muss sich über die Wahl des richtigen Glases keine Gedanken machen. Es gibt zahlreiche Universalgläser, die den Erfordernissen an anspruchsvolle Weine genügen. Wer über die Grundausstattung verfügt, kann sich auf das Wesentliche konzentrieren: den Wein. Wer nicht unter Platznot leidet und den Mut besitzt, für verschiedene Weine unterschiedliche Gläser vorzuhalten, muss auch nicht unglücklich sein. Die Wahl des passenden Weins ist vermutlich schwieriger.

Gläser: Riedel, Nachtmann, Ikea; Kellnermesser: Screwpull »Sharky«

Die Grundausstattung für Einsteiger

1 Universalglas (entweder mit hohem Stiel, mit hochgezogenem Kelch oder mit Standardmaßen) für Weiß-, Rot- und Schaumwein
1 Kellnermesser

Die Ausstattung für Fortgeschrittene

1 Weißweinglas
1 Rotweinglas
1 Schaumweinglas
1 Korkenzieher
1 Flaschenkühler

Gläser: Schott Zwiesel »Diva«; Korkenzieher: Screwpull »Elite«;
Kühler: Screwpull »Wine Cooler«

Die Ausstattung für Anspruchsvolle

Jeder Weintrinker hat seine eigenen Ansprüche. Doch die Zahl derer, die nur einem Wein die Treue hält, nimmt deutlich ab. Die meisten Weinliebhaber sind Wechseltrinker geworden. Holen heute einen leichten italienischen Gavi aus ihrem Klimaschrank, machen morgen einen alten spanischen Rioja auf, freuen sich im Anschluss auf die süße Beerenauslese aus Deutschland und delektieren sich am Wochenende auf der Terrasse an einem französischen Champagner. Wer so gut mit Wein bestückt ist, sollte auch über ein paar nützliche Weinaccessoires verfügen, vor allem über passende Gläser.

Die gehobene Ausstattung

1 Weißweinkelch
1 Glas junger Weißwein
1 Champagnerkelch
1 Rotweinkelch
1 Rotweinglas Magnum
1 Dekantierkaraffe (nicht im Bild)
1 Eiskübel
1 Kapselschneider
1 Hightech-Korkenzieher
1 Champagnerzange
1 Einschenkhilfe

Gläser: Spiegelau »Vino Grande«; Korkenzieher: VacuVin Winemaster; Champagnerzange; Weinthermometer: Exquisit; Champagnerverschluss: Screwpull »Crown«; Einschenkhilfe: »Drop Stop«; Kühler: Firmenpräsent Billecart-Salmon

Die Ausstattung für Weinprofis

Wer Wein nicht nur trinkt, sondern auch sammelt und über alte Raritäten in seinem Keller verfügt, der spart nicht am Zubehör. Wem also das Teuerste gerade gut genug ist, sollte sein Haus um den Weinkeller herum bauen und genügend Platz für Glasschränke und Vitrinen einplanen, um Gläser und Glaspokale sicher unterzubringen. Denn Weinsammler genießen ungern alleine. Und wer Freunde zu einer Rare-Bottle-Party einlädt, muss damit rechnen, dass sie erscheinen. Mit einem Glas ist es also nicht getan.

Glasausstattung: Riedel; Korkenzieher, Standmodell: Screwpull »Leverpull«; Korkenspange: »Monopol«

Die Luxusausstattung

1 Rieslingglas
1 Weißweinglas Chardonnay
1 Weißweinglas Montrachet
1 Sektglas
1 Glas Jahrgangschampagner
1 Süßweinglas Sauternes
1 Rotweinglas Hermitage
1 Rotweinglas reifer Bordeaux
1 Rotweinglas Burgunder Grand Cru
1 Glas Vintage Port
1 Karaffe für 1 Weinflasche
1 Karaffe für 1 Magnum-Flasche
1 Hightech-Korkenzieher
1 Korkenspange
1 Eiskübel Glas
1 Silber-Sektschale für 5 Flaschen
1 Dekantiertrichter

Sektschale: HCH; Dekantiertrichter: Provino; Flaschenthermometer und Aromaverschluss: Screwpull

Lagerung und Einkauf von Wein

Am wohlsten fühlt sich Wein bei kühlen Temperaturen, etwa wie London im Novembernebel. Die Luftfeuchtigkeit sollte dagegen wie an den Stränden der Karibik sein. Gleichzeitig muss es um ihn herum dunkel und still sein wie in einer Gruft. Nur dann ist ihm ein langes Leben sicher. Leider herrschen solche natürlichen Bedingungen nirgendwo auf der Erde. Sie müssen erst künstlich geschaffen werden.

Temperatur und Luftfeuchtigkeit

Nur wenige Weine haben das Potenzial, 50 Jahre alt und älter zu werden. Die wenigen Flaschen, die es aus dieser Zeit noch gibt, gelten als Pretiosen und werden zu Spitzenpreisen gehandelt. Dass sie überhaupt so alt werden konnten, hat mit dem gutem Jahrgang, mit dem Genie der alten Kellermeister und mit einem geeigneten Keller zu tun.

Zwei große alte Weine, die erst jetzt ihren Höhepunkt erreicht haben: ein 1964er Erbacher Marcobrunn Riesling Cabinet Auslese und ein 1947er Château Cheval Blanc.

Robuste Alltagsweine

Die meisten Weine sind robuster als früher, weil bei ihrer Herstellung nichts dem Zufall überlassen wird. Sie werden »lehrbuchmäßig« erzeugt: geschönt, stabilisiert, filtriert und mit einer genau bemessenen Dosis Schwefel versehen, die auf ihre Lebenserwartung abgestimmt ist. Auf Hygiene während des Produktionsprozesses wird sehr viel akribischer geachtet als früher. Unerwünschte Keime und Bakterien sind schon im Frühstadium abgetötet, Flasche und Korken penibel sterisilisiert worden. Zumindest die Alltagsweine sind in diesem Punkt Industrieprodukten nicht ganz unähnlich – durchaus zum Vorteil des Konsumenten. Sie überstehen auch lange Autofahrten schadlos. Eine Schiffsreise um den halben Erdball mindert nicht ihre Qualität. Kurzfristige Temperaturschwankungen machen ihnen wenig aus. Sie sind hitzestabil und ziemlich kälteresistent. Selbst heftige Erschütterungen bringen sie nicht dauerhaft aus der Balance. Kurzum: Die meisten Weine sind strapazierfähiger, als besorgte Journalisten die Weintrinker glauben machen möchten.

Empfindliche Spitzenweine

Ihre Strapazierfähigkeit ist jedoch nicht unbegrenzt. Dauerhaft ungünstige Lagerbedingungen haben einen negativen Einfluss auf die Entwicklung des Weins. Das gilt besonders für hochwertige, teure Weine. Sie sind in der Regel weniger »zugerichtet« worden als die einfachen Alltagsweine. Jeder anspruchsvolle Weinproduzent bemüht sich nämlich, Trauben, Most, Maische und Wein in seinem Keller möglichst schonend zu behandeln, um Duft, Geschmack und natürliche Harmonie zu erhalten. Die feinen Weine werden meist nur minimal geschönt, oft gar nicht filtriert und fast immer niedrig geschwefelt. Zu warme Lagerung, Lichteinfluss oder häufiges Bewegen können diesen Weinen erheblich schaden. Wer Weine kauft, die länger als zwei oder drei Jahre lagern sollen, muss deshalb auf richtige Lagerbedingungen achten.

Temperatur und Feuchtigkeit

Eine optimale Kellertemperatur ist eine konstante Temperatur. Sie sollte irgendwo zwischen 6 °C und 16 °C liegen. Auch 20 °C schaden dem Wein nicht. Allerdings verdunstet der Alkohol bei höheren Temperaturen schneller. Außerdem kann bei Weinen, die nicht perfekt stabilisiert worden sind, bei Wärme eine Nachgärung stattfinden. Unangenehme Folge: Sie drückt den Korken aus der Flasche. Ebenso wichtig wie die Temperatur ist die Luftfeuchtigkeit. 85% sind ideal – wie an den Stränden der Karibik. Bei weniger als 60% ist der Keller dagegen zu trocken. Der Kork schrumpft. Die Flaschen werden undicht, lecken oder weisen wegen der erhöhten Verdunstungsaktivität einen größeren Schwund auf. Allerdings passiert das erst nach drei oder mehr Jahren Lagerzeit. Bei über 90% faulen die Etiketten und schimmeln die Korken. Es kann ein muffig-modriger Geruch im Keller entstehen.

Altbaukeller

Glücklich, wer einen Altbaukeller besitzt. Er ist in der Regel dunkel und naturkühl. Da die Außenmauern nicht isoliert sind, ist die Luftfeuchtigkeit gewöhnlich höher als in Neubaukellern: Der Schwund in den Weinflaschen ist nur gering. Nahezu ideale Bedingungen für Weine – sofern nicht gerade Heizungsrohre an den Wänden verlaufen. Einziges Problem: die Temperaturschwankungen. Sie sind in nicht-wärmegedämmten Gebäuden groß. Zwischen Sommer und Winter schwanken sie um 10 °C und mehr. Das ist zu viel. Immerhin ließe sich das Kellerfenster (wenn vorhanden) verbauen und isolieren. In der Nähe verlaufende Heizungsrohre können mit einer dicken Schaumstoffmanschette ummantelt werden, so dass sie keine Wärme mehr abstrahlen. Nutzt das alles nichts, muss ein Kühlaggregat installiert werden. Ansonsten nimmt der Wein langfristig Schaden.

TIPPS & TRICKS: FLASCHEN STEHEND LAGERN

Nach gutem Brauch werden Weinflaschen heute generell waagerecht gelagert. Die Überlegung: Der Korken soll feucht bleiben. Einfache Konsumweine können freilich auch ohne Probleme stehend gelagert werden. Innerhalb weniger Monate trocknet der Korken nicht aus. Das Risiko eines »Korkschmeckers« wäre ebenfalls deutlich geringer. Aber auch bei alterungsfähigen Weinen hat die stehende Aufbewahrung Vorteile. Die Kontaktfläche zwischen Wein und Sauerstoff ist geringer als in der liegenden Position. Der Wein reift langsamer und hält sich länger frisch. Allerdings müsste der Lagerraum eine erhöhte Luftfeuchtigkeit (etwa 80%) aufweisen, damit der Korken nicht austrocknet.

Kühlschrank und Klimaschrank

Wo die Keller zu warm und die Wohnräume zu trocken sind, ist für Wein, der länger lagern soll, kein Platz. Es sei denn, der Weinliebhaber verfügt über einen Klimaschrank. Darin liegt sein Wein sogar noch besser und sicherer als in einem kühlen Keller.

Neubaukeller

Neubaukeller sind oft wärmer als Wohnräume. Die an der Decke verlaufenden Heizungs- und Warmwasserrohre sorgen besonders während der Heizperiode im Winter für Temperaturen von über 20 °C. Durch die Abwärme von Tiefkühltruhen kann sie sogar noch höher steigen. Entsprechend trocken ist die Luft. Neubaukeller eignen sich daher nicht für die Weinlagerung – egal ob abgeschlossener Raum oder nur Abteil. Die einzige Möglichkeit ist, Flaschenkühl- oder Weinklimaschränke oder eine Kühlzelle aufzustellen.

Kühlschränke

Um kurzfristig 20 oder 50 Flaschen gut temperiert zu bevorraten, ist ein Flaschenkühlschrank nützlich. Er arbeitet nach dem Prinzip eines regulären Kühlschranks in der Küche: Wenn der Messfühler registriert, dass die Temperatur um 2 °C abgefallen ist, springt das Aggregat an und sorgt dafür, dass die alte Temperatur wiederhergestellt wird. Das ständige Auf und Ab der Temperatur bewirkt, dass der Wein sich abwechselnd ausdehnt und wieder zusammenzieht. Für eine längere Weinlagerung sind Kühlschränke darum nicht geeignet. Hinzu kommt, dass Kühlschränke zu trocken sind. Die Feuchtigkeit wird an den Kühlplatten zu Eis gefroren.

Weinklimaschrank

Weinklimaschränke sind dagegen auch für die langfristige Lagerung von Wein geeignet. Die entzogene Feuchtigkeit wird wieder zurückgeführt. Sie sind vibrationsfrei. Die Temperatur ist auch bei schwankenden Außentemperaturen nahezu gleichbleibend (+/– 0,5 °C). Außerdem lagern die Flaschen in verschiedenen Klimazonen: Auf dem obersten Regal liegen edle Rotweine bei 18 °C, auf dem untersten der Champagner bei 6 °C. Einige Fabrikate ermöglichen die Lagerung von Original-Holzkisten. Je nach Größe und Hersteller fassen Weinklimaschränke zwischen 40 und 1000 Flaschen. Nur eines kann kein Weinklimaschrank: dafür sorgen, dass nach 10 Jahren Staub und Spinnweben auf den Flaschen liegen.

Viele Weinproduzenten füllen einen Teil ihrer Weine in Magnum-Flaschen ab, die nicht nur Schau-, sondern auch Lagerungswert haben.

* gibt es praktisch nur beim Champagner

Kühlschrank: Für eine längere Lagerung von Wein ist er wegen etwaiger Gerüche und wegen der Temperaturschwankungen ungeeignet. Zum Kühlen eignet er sich dagegen gut.

Thermometer mit Hygrometer: Sie gehören zur Grundausstattung eines jeden Weinkellers. Das eine misst die Temperatur, das andere kontrolliert die Luftfeuchtigkeit.

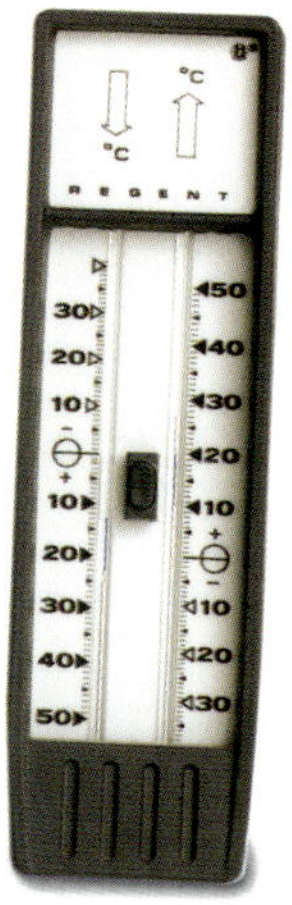

Minimax-Thermometer: Vor allem Altbaukeller unterliegen Temperaturschwankungen. Das Minimax-Thermometer ist ein ideales Instrument für ihre Kontrolle.

Weinklimaschrank: Sein Inneres ist in verschiedene Klimazonen unterteilt. Oben herrschen 18 °C für Rotweine, unten 8 °C für Weißweine. Die Luftfeuchtigkeit ist regulierbar.

CHECKLISTE FÜR DIE LAGERUNG

Weinregale: *Metall- und Holzregale sind besonders platzsparend, Bauelemente aus geschrotetem Kalkstein oder Lavagestein sind feuchtigkeitsregulierend.*

Gerüche: *Feuchte Keller mit modrigen Gerüchen müssen regelmäßig entlüftet werden. Ansonsten nimmt der Wein die Gerüche auf. Küche, Garage und Ölkeller sind für die Lagerung von Wein tabu.*

Licht: *Direktes Tageslicht lässt Rotweine früh erblassen und Weißweine schnell goldgelb werden. Die Qualität des Champagners leidet schon unter geringen Lichteinflüssen. Abhilfe: Raum abdunkeln oder wertvolle Weine in Kisten oder in anderen Verpackungen aufbewahren.*

Lärm: *Regelmäßige Schallemmissionen von Heizungen und Kühlaggregaten schaden dem Wein langfristig. Fenster isolieren. Dämmplatten an die Decke.*

Vibrationen: *Erschütterungen durch Schwerlast- und Zugverkehr lassen Weine, die für eine lange Alterung bestimmt sind, nicht zur Ruhe kommen. Abhilfe: Regale auf Gummi- oder Korksockel stellen.*

Feuchtigkeit: *In zu trockenen Kellern müssen Luftbefeuchter aufgestellt werden. Zwei Wassereimer können denselben Zweck erfüllen. Zu feuchte Keller sollten ein Sand- oder Kiesbett bekommen.*

Weinkartons: *Pappe schluckt Feuchtigkeit. Zum längeren Lagern in trockenen Kellern nicht geeignet.*

Schimmelnde Etiketten: *Indikator für eine gut durchfeuchtete Raumluft. Der Wein nimmt keinen Schaden, sein Wiederverkaufswert sinkt allerdings.*

Abfallende Etiketten: *Indikator für zu trockene Keller.*

Rented Space: *Bewachter Weinkeller auf Mietbasis mit idealen Lagerbedingungen. Ein in den USA verbreiteter Service, der mittlerweile auch in europäischen Großstädten zunehmend angeboten wird.*

Weinlagerung in der Wohnung

Wer Wein in einer 3-Zimmer-Wohnung lagern will, muss erfindungsreich sein. Er sollte im kühlsten Raum der Wohnung nach Nischen suchen, in denen Kisten, Kartons oder Holzgestelle platzsparend untergebracht werden können. Die Ecken, auf die er dabei stößt, muten wie Weinverstecke an. Doch für ein paar Monate, notfalls auch Jahre, lassen sich dort Weine lagern.

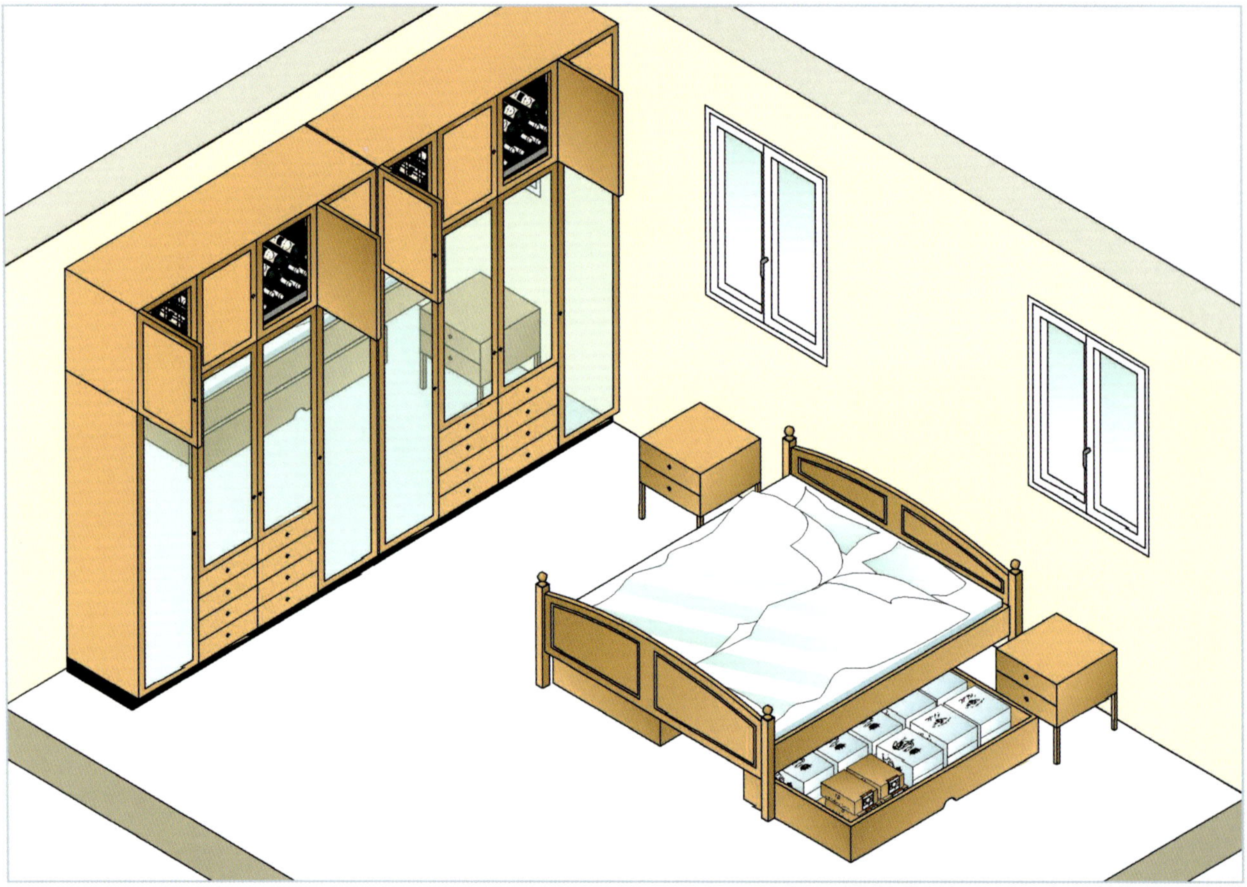

Wein im Schlafzimmer

Der kühlste Raum der Wohnung ist gewöhnlich das Schlafzimmer. Es liegt meist nach Norden, so dass es im Sommer nicht übermäßig aufgeheizt wird. Im Winter kann die Heizung kalt bleiben, weil die anderen Räume es mit aufheizen. So kommt es, dass der Schlafraum oft drei bis vier Grad kühler ist als die Wohnräume – nicht ideal für die Lagerung von Wein, aber immer noch besser als Küche oder Garage. Wenn es gelingt, die Raumtemperatur ungefähr bei 18 °C zu halten, können Weine dort problemlos ein paar Jahre gelagert werden. Die obersten Regale eines Kleiderschranks sind ein möglicher Ort, um Weinkisten und Weinkartons unterzubringen – vorausgesetzt, der Raum wird nicht zum Wäschetrocknen benutzt. Auch Flaschengestelle lassen sich dort anbringen. Je nach verfügbarer Resthöhe lassen sich dort bis zur Decke noch etwa 250 Flaschen unterbringen. Die Wege zum Wein sind kurz: nur drei oder vier Stufen auf der Leiter. Ein anderer möglicher Aufbewahrungsort kann ungenutzter Stauraum unter dem Bett sein. Auch dort können 100 bis 150 Flaschen lagern. Wichtig ist nur, den Raum regelmäßig zu lüften.

Wein in der Küche

Jede Wohnung hat Ecken oder Winkel. Dort lassen sich mit einfachsten Mitteln Stauräume abtrennen, in denen Wein gelagert werden kann. Eine solche Parzelle muss nur so groß sein, dass dort ein paar Regale und ein kleines Kühlaggregat, das für ein günstiges Raumklima sorgt, aufgestellt werden können. Die Trennwände dürfen ruhig aus einfachen Spanholzplatten sein. Sie müssen nur mit einer dreifachen Polyesterfolie isoliert werden: gegen Wärme, Gerüche und gegen Schall. Auf diese Weise ließe sich der Stauraum sogar in der Küche einrichten, dem wärmsten und an Gerüchen intensivsten Raum einer Wohnung. In den USA gibt es fertige Bausätze für derartige Weinzellen. Sie kosten je nach Größe zwischen 200 und 500 Dollar. Doch kann sich jeder die Einzelteile auch selbst beschaffen. Mit ein bisschen Geschick und den richtigen Werkzeugen bastelt er sich seinen »Weinkeller« selbst.

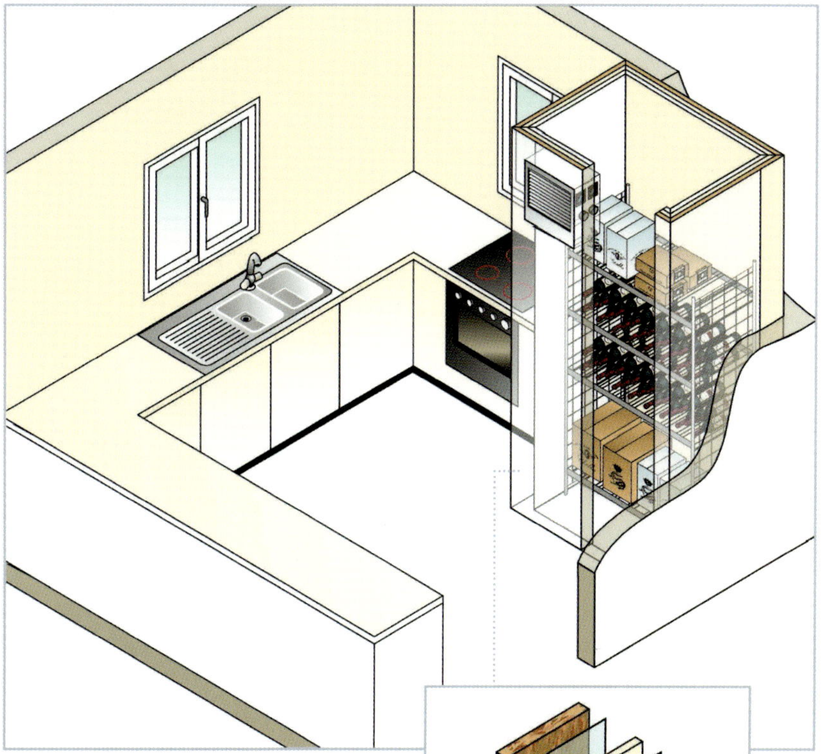

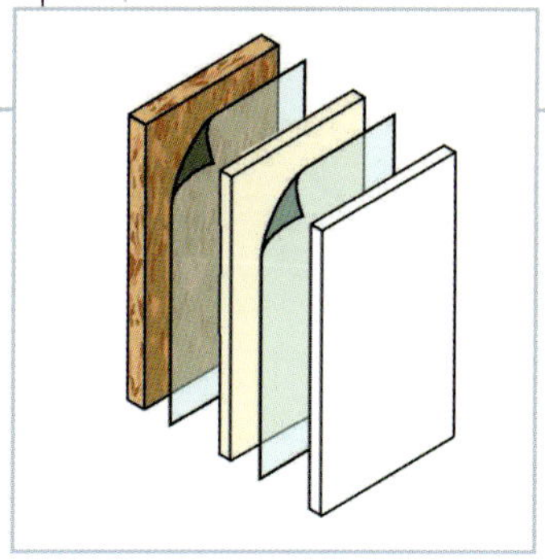

Die Wände einer Weinzelle sollten der Abfolge nach aus Spanplatte (wahlweise Gipskarton), Polyethylenfolie, Styropor, Polyethylenfolie und Gipskarton (wahlweise Spanplatte) bestehen.

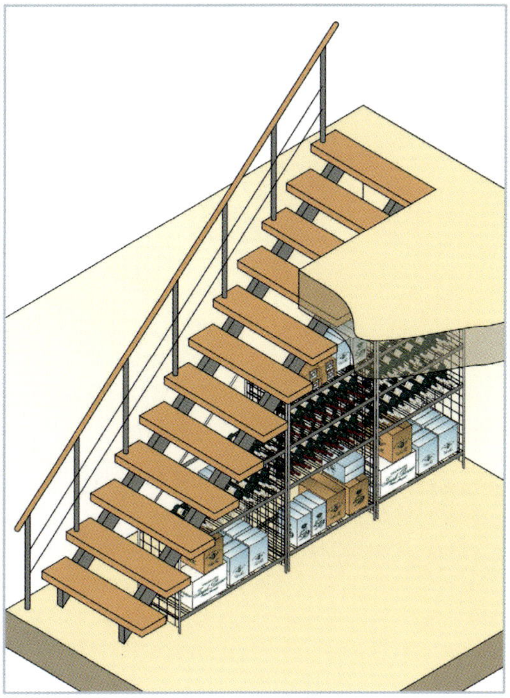

Wein unter der Treppe

In Maisonette-Wohnungen ist der Raum unter der Treppe meist ungenutzt. Dort lässt sich ohne großen Aufwand ein maßgeschneidertes Weinregal aufstellen. Darin können leicht 100 bis 150 Flaschen Platz finden. Wer mag, kann den Stauraum mit Holz verkleiden. Ein Kühlaggregat ist wegen der Geräuschbelastung nicht zu empfehlen. Aber gewöhnlich sind Treppenhäuser, Vorräume und Korridore immer etwas kühler als Wohnräume.

Einrichtung eines Weinkellers

Die Idee, Wein unterirdisch zu lagern, stammt aus der Zeit, als Keller noch naturkühl waren. Im Zeitalter des modernen Wohnungsbaus werden in Kellerräumen fast genauso hohe Temperaturen gemessen wie in Wohnräumen. Die zentrale Heizungsanlage und die Warmwasserrohre geben mehr Wärme ab als Kellerbesitzern lieb ist. Ein gleichmäßig kühles Kellerklima kann daher nur künstlich geschaffen werden.

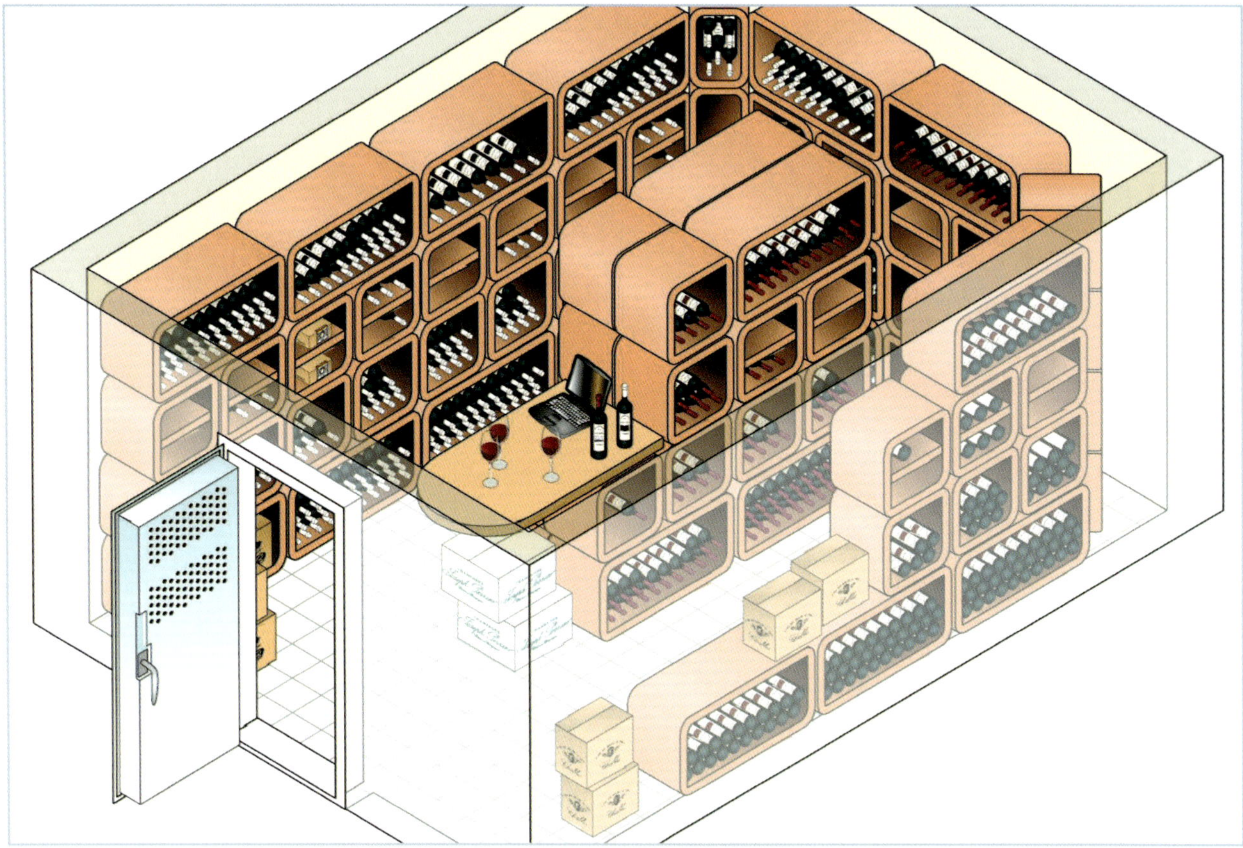

Keller mit Klimatür

Aus einem normalen Kellerraum von 18 Quadratmetern Größe kann ein perfekt klimatisiertes Lager für über 2000 Flaschen werden. Zunächst sollte das Kellerfenster zugemauert werden. Dann müssen hier eventuell verlaufende Heizungsrohre an der Decke isoliert werden. Dicke Schaumstoffmanschetten sind leicht anzubringen und absorbieren 99 Prozent der Abwärme. Dann wird eine spezielle dickwandige Klimatür eingesetzt. Sie enthält ein von einem Mikroprozessor gesteuertes Kühlaggregat, durch das kühle Luft in den Kellerraum ventiliert wird. Die besten dieser Türen klimatisieren Räume bis zu 40 Kubikmetern. Das heißt: 18 Quadratmeter bei 2,20 Meter Deckenhöhe. Es kann dabei eine Raumtemperatur zwischen 6 °C und 20 °C gewählt werden. Das heißt: Sollten die Außentemperaturen im Winter stark fallen, kann der Kellerraum auch gewärmt werden. Zusätzlich zur Klimafunktion regelt die Tür die Luftfeuchtigkeit (60% bis 85% sind Standard). Durch einen Aktivkohlefilter wird außerdem die Be- und Entlüftung geregelt. Die Kosten für Klimatür, Einbau und Umbau liegen zwischen 6000 und 10 000 Euro.

Keller mit Klimazelle

Viele Bewohner von Mietswohnungen besitzen keinen festen Kellerraum, sondern nur ein Kellerabteil. Eine Isolierung von Wänden und Heizungsrohren ist dort nicht möglich. In solchen Kellerabteilen lässt sich aber eine Wein-Klimazelle aufstellen. Auf einer Fläche von zwei Quadratmetern können bis zu 500 Flaschen gelagert werden. Für die Klimazelle gibt es je nach Anbieter verschiedene technische Standards. Die einfachsten Versionen besitzen nur eine Air Condition. Die Innentemperatur schwankt je nach Kühl- oder Ruhephase um etwa 2 °C. Dafür kosten sie auch nur 2000 Euro. Die anspruchsvollsten Klimazellen kosten 5000 Euro und schaffen ein gleichmäßiges Raumklima. Die Klimazellen werden im Keller zusammengesetzt und können bei Wohnungswechsel wieder abgebaut werden.

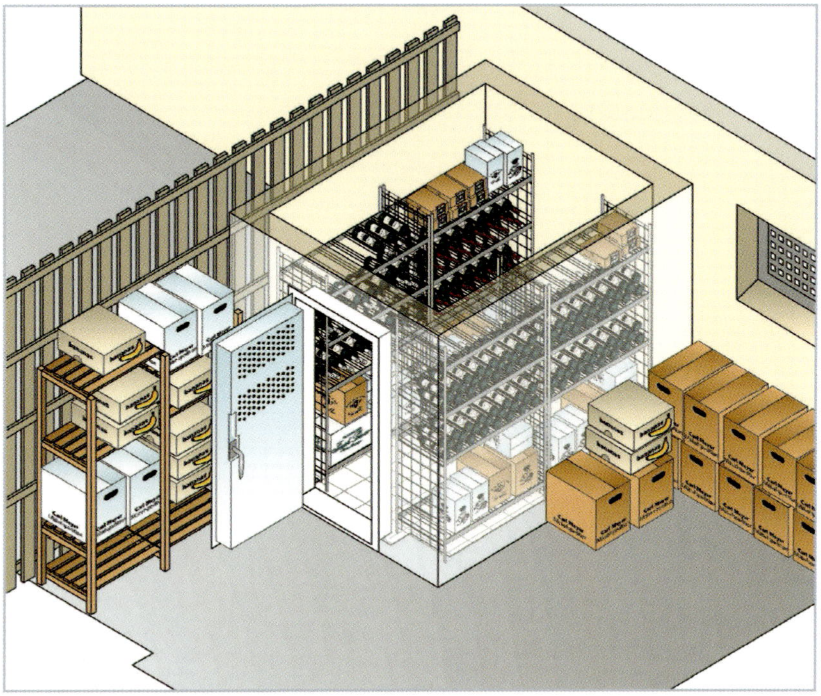

Keller mit Air Condition

Kleine, abgeschlossene Kellerräume lassen sich wie ein Wohnraum mittels Air Condition kühlen. Das Kühlaggregat kann zum Beispiel im Kellerfenster installiert werden. Der Einbau ist unkompliziert, der Energieverbrauch gering, die Kosten für das Aggregat sind niedrig (etwa 300 Euro). Nur das Betriebsgeräusch darf Nachbarn und Mitbewohner nicht stören. Weine, die nicht 20, sondern nur zwei oder drei Jahre lagern sollen, überstehen die kleinen Temperaturschwankungen, die bei dieser Minimallösung auftreten, schadlos.

Kellerverwaltung mit PC-Software

Früher führten die Menschen Kellerbücher. Darin trugen sie ein, welche Weine sie gekauft und entnommen hatten. Heute übernimmt der PC die Verwaltung des Kellers. Mit der passenden Software kann er wesentlich mehr als nur Eingänge und Ausgänge registrieren.

Das Kellerbuch

Zugegeben: Man kann Wein trinken und genießen, ohne sich darüber Notizen zu machen. Ebenso kann man Wein erwerben, lagern und servieren, ohne ein Kellerbuch führen zu müssen. Befasst man sich jedoch beruflich mit Wein, kommt man um eine Aufzeichnung nicht herum. Aber auch dem Hobbyweinkäufer kann eine sorgsame Weinverwaltung zugute kommen. Entschließt er sich beispielsweise zum Kauf von Weinen, die vor der Genussreife etliche Jahre reifen müssen, empfiehlt es sich, über den Bestand im Keller Buch zu führen. Ebenso dann, wenn man sich glücklich schätzen kann, Hunderte oder gar Tausende Flaschen sein eigen zu nennen. Dabei ist die Weinbuch-Führung ganz einfach und basiert auf dem Prinzip, dass man, was einmal gekauft und ins Kellerbuch eingetragen wurde, auf derselben Seite bei Genuss wieder austragen muss. So hat man seinen Bestand jederzeit im Auge und behält den Überblick über Flaschenzahl und Jahrgangsentwicklung. Ein Kellerbuch enthält im Prinzip wenige Daten: zunächst Kaufdatum, Name und Jahrgang des Weins, Bezugsquelle, Preis und Menge. Darunter: Datum der Entnahme, Anzahl der entnommenen Flaschen und verbleibenden Bestand sowie eventuell Anlass, Essen und einen persönlichen Kommentar.

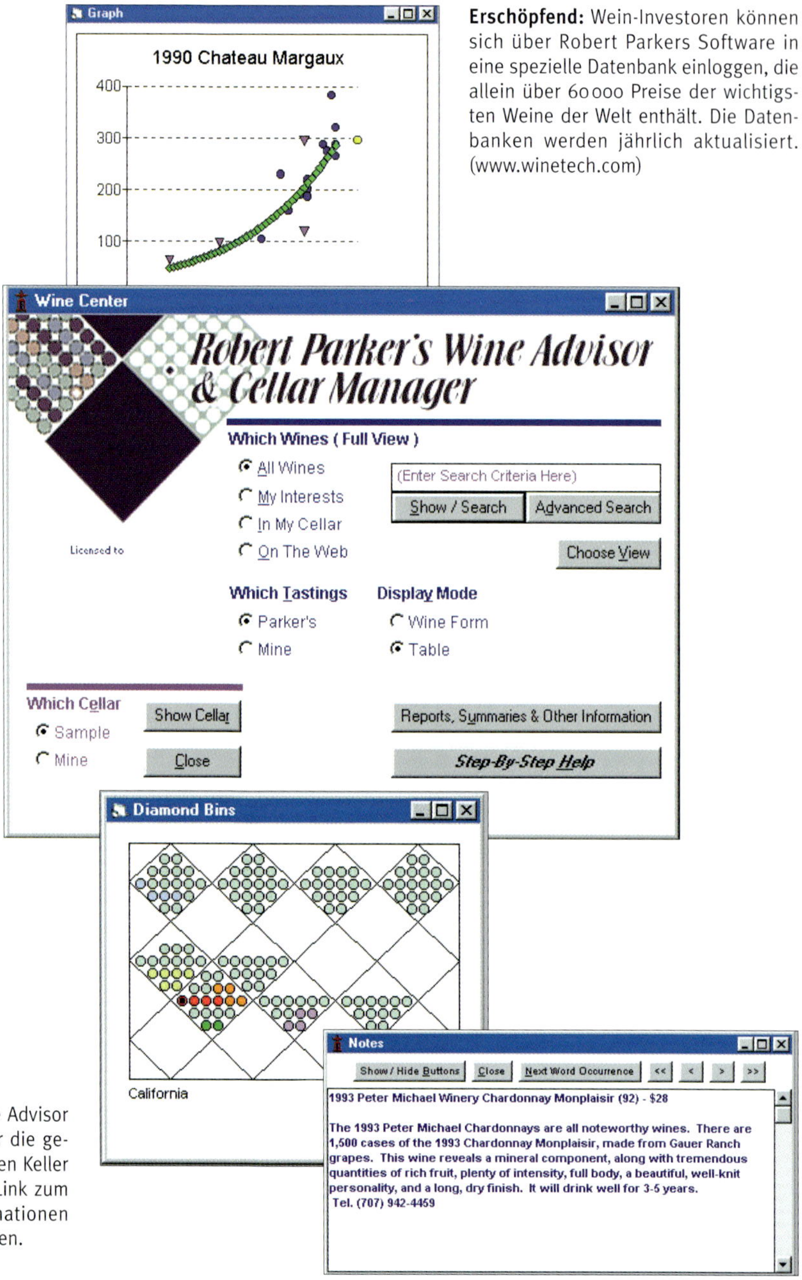

Erschöpfend: Wein-Investoren können sich über Robert Parkers Software in eine spezielle Datenbank einloggen, die allein über 60 000 Preise der wichtigsten Weine der Welt enthält. Die Datenbanken werden jährlich aktualisiert. (www.winetech.com)

Vorbildlich: Mit »Robert Parker's Wine Advisor and Cellar Manager« kann man sogar die genaue Position seines Weines im eigenen Keller speichern und abrufen. Durch einen Link zum »Wine Advocate« erhält man Informationen und Beurteilungen zu fast 30 000 Weinen.

Kellerverwaltung am PC

Das Softwareangebot für die Verwaltung eines Weinkellers ist vielfältig. Sie reicht von einfacher Bestandsverwaltung, wie man sie vom traditionellen Kellerbuch her kennt, bis zu ausgefeilten Programmen, die Wertentwicklung, Hintergrundinformationen über Weingüter und Winzer liefern und zum Teil Kommentare von berühmten Weintestern einschließen. Wer Wein hobbymäßig sammelt und genügend Zeit hat, sich von einem Fenster zum anderen zu klicken, um Lieferanten, Kaufpreise, voraussichtliche Trinkreife und Geschmacksurteile einzugeben, für den ist die Weinkeller-Verwaltung am PC eine vergnügliche Beschäftigung. Wer Wein als Kapitalanlage kauft, kommt um die entsprechende PC-Software gar nicht herum. Freilich ist jedes Programm anders aufgebaut. Einige sind auf internationale Spitzenweine zugeschnitten und liefern alle Informationen, die für den Kapitalanleger wichtig sein können: von den Daten über die Weinherstellung bis zu den letzten Auktionsergebnissen. Andere gehen nur in die Breite, liefern Wissenswertes rund um den Wein und bieten auch spezielle Informationen für nicht weinversierte Benutzer, beispielsweise Allgemeines über Anbaugebiete oder noch weitgehend unbekannte Weine.

Umfassende Information

Die ausgefeilteste (und teuerste) Software zur Weinverwaltung ist derzeit wohl »Robert Parker's Wine Advisor & Cellar Manager«. Sie ist sehr visuell organisiert und vermittelt einen detaillierten Überblick über den eigenen Keller sowie Wissenswertes zu 28 000 Weinen. Durch einen Link zur Datenbank von Parkers Weinbriefen »The Wine Advocate« erhält der Benutzer zugleich Zugang zu allen 34 000 Bewertungen und Beschreibungen des »Weinpapstes«.

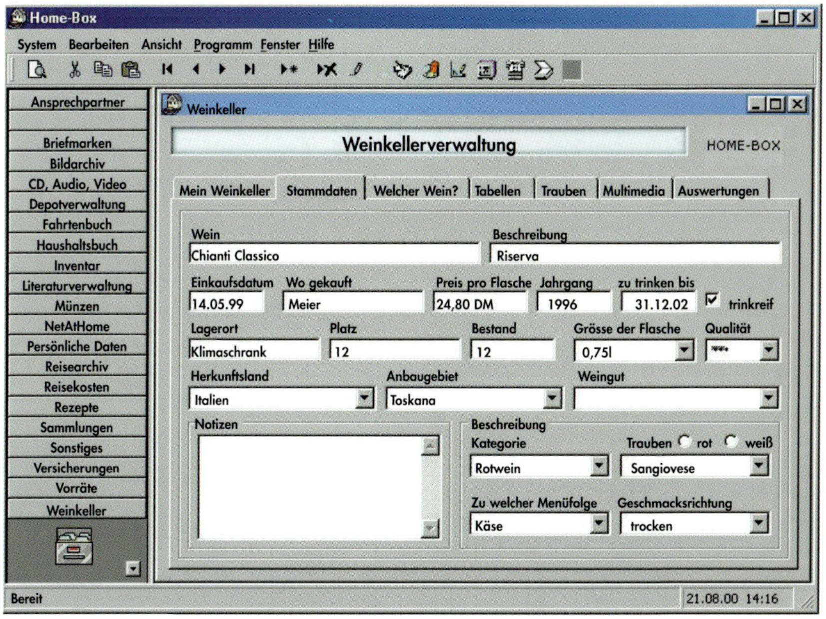

Praktisch: Für den Hausgebrauch ist die amerikanische Software »Wine Cellar« entworfen worden. Neben der Kellerverwaltung werden auch Vorschläge gemacht, welche Weine zu bestimmten Standardgerichten passen. (www.vca-shop.de oder www.homebox.de)

WEIN AUS DEM GEBURTSJAHRGANG

Heute finden viele Gefallen daran, ihren Kindern einen Wein aus deren Geburtsjahrgang zurückzulegen. Die schöne Geste hat nur einen Haken: Nicht jedes Jahr bringt Weine hervor, die 20 Jahre oder länger altern können. Was tun, wenn der Geburtsjahrgang ein kleiner Weinjahrgang war? Ganz einfach: Zunächst muss man schauen, welches die Anbaugebiete für langlebige Weine sind und wie die Jahrgänge in diesen Anbaugebieten ausgefallen sind. Anschließend sollte überlegt werden, ob man Normalflaschen oder Großformate erwirbt. Weine in großen Flaschen altern langsamer und besser als Weine in kleinen Flaschen. Außerdem sind sie wertbeständiger. Und wann sollte gekauft werden? Weißweine ein Jahr nach der Lese, desgleichen Bordeaux (in der Subskription). Rotweine anderer Herkünfte werden erst zwei bis vier Jahre nach der Lese freigegeben.

Der Einkauf von Wein

Der Weinhändler in der Stadt hat Konkurrenz bekommen. Neue Vino- und Önotheken schießen überall aus dem Boden. Restaurants offerieren ihre Weine zum Mitnahmepreis. Im Internet brummt der E-Commerce mit Wein. Versandhäuser bieten Wein per Katalog an. Winzer liefern frei Haus. Der Weineinkauf ist bequemer geworden, aber nicht einfacher.

Mehr Schein als Sein

Es gibt Weine, an denen das Beste die Verpackung ist. Etikettendesigner und Verpackungskünstler haben ihr Äußerstes gegeben, um dem Wein ein edles Outfit zu verleihen. Der Inhalt der Flasche ist trauriges Mittelmaß – oder noch weniger. Seit Weintrinken wieder populär geworden ist, bricht über die Konsumenten eine Flut von einfachen und einfachsten Weinen herein, die sich vor allem durch bunte Etiketten, abenteuerliche Namen, atemberaubende Flaschenformen und nicht zu geringe Preise auszeichnen. »Rasierwasser mit Kohlensäure« hat ein entsetzter Weinkritiker einmal den Geschmack der meisten Proseccos beschrieben, die heute für unter 5 Euro angeboten werden. Weinprospekte schwärmen dagegen von »Lebensstil« und »Savoir vivre«. Weininteressierte, deren eigenes Urteil noch nicht voll ausgebildet ist, werden so verführt. Sie brauchen Vergleiche und gute Beratung. Stattdessen werden ihnen »Weinerlebniswelten« und »bequemer Einkauf« geboten.

Lebensmittelhandel

Häufig führen Lebensmittelgeschäfte ein kleines Weinsortiment. Die Auswahl ist in aller Regel gering, die Qualitäten sind nicht sehr gewählt. Sachkundige Beratung kann oft leider nicht erwartet werden. Ausnahme: Hochrangige Delikatessengeschäfte und Kaufhäuser mit einer großen Lebensmittelabteilung. Sie verfügen nicht selten über eine gut sortierte Verkaufsfläche für Weine, die mit einfachen Alltagsweinen ebenso gut bestückt ist wie mit teuren Hochgewächsen. Solche Häuser sind sehr um Beratung bemüht. Einige stehen dem Fachhandel in nichts nach.

Supermärkte

Auf Billigweine spezialisierte Unternehmen, die vor allem am »Abverkauf« interessiert sind, also daran, wie schnell sich ein Wein »dreht«. Ein Großteil der aus aller Welt zusammengepanschten Industrieweine wartet in den Regalen dieser Supermärkte auf geduldige Käufer. Bevorzugt angeboten werden Restposten, Weine ohne Jahrgang und Weine ohne klare Herkunftsbezeichnung.

Versandhandel

Große Versandhäuser haben in den letzten Jahren zunehmend auch Weine in ihr Sortiment aufgenommen. Da ihre Weinkompetenz gering ist, setzen sie auf kommerzielle Markenweine oder Weine bekannter Erzeuger. Auffällig häufig: Flaschen mit Designer-Labels und Weine in Geschenkverpackungen für Menschen, denen Optik vor Qualität geht.

Billigwein mit bekanntem Namen in aufwändiger Verpackung.

Discounter

Verbrauchergroßmärkte, die auch von Wiederverkäufern besucht werden, verzeichnen einen steigenden Anteil am Weinmarkt. Der Wein wird oft kartonweise verkauft. Für den unerfahrenen Weinkäufer ist die Orientierung schwierig: Billigweine aus aller Herren Länder stehen neben Spitzenweinen, Händlerweine neben Erzeugerabfüllungen. Auffällig: die große Anzahl von Weinen der untersten Qualitätsstufe aus bekannten Anbaugebieten, bei denen der Gebietsname Qualität signalisiert (z. B. Bordeaux), die große Anzahl von plagiierten Etiketten bzw. ähnlich klingenden Namen, die der ungeübte Käufer leicht mit dem prominenten Original verwechseln kann, und die Vielzahl anonymer Abfüller, deren hochtrabende Namen dem Laien Qualität und Exklusivität suggerieren. Bei den Spitzenweinen sind vor allem die mittelmäßigen und kleinen Jahrgänge vertreten, die der Nichtfachmann aber nicht selbstverständlich parat hat.

Weinfachhandel

Die Fachhändler bilden das Rückgrat des Weinhandels. In der Regel besitzen sie Ladengeschäfte, in denen der Kunde – egal ob Weinlaie oder geübter Weinfreund – kompetent und engagiert beraten wird. Viele bieten offene Weine zum Degustieren an, veranstalten informative Weinproben oder -seminare und warten mit individuellem Service auf. Sie haben das Vertrauen ihrer Käufer und kennen deren Vorlieben, so dass sie bekannten Kunden gezielte Empfehlungen aussprechen können. Auch Filialgeschäfte, Partneragenturen und Franchisenehmer gehören zum Fachhandel. Einige haben sich auf Weine eines bestimmten Landes spezialisiert, andere führen ein länderübergreifendes Vollsortiment. Für viele Inhaber ist Wein nicht nur Gelderwerb, sondern auch Passion, was sich in ihrer Detailkenntnis bemerkbar macht: Sie kennen die Weinbaugebiete, halten Kontakt zu den Winzern, verfügen über Degustationserfahrung, lesen Fachpublikationen, besuchen Fachseminare und -messen. Der Käufer wird fachkundig beraten und, sofern er will, mit aktuellen Insiderinformationen versorgt.

Versandfachhandel

Einige Weinfachhändler besitzen inzwischen kein Ladengeschäft mehr, sondern einen Versandhandel, d. h., sie verkaufen über Katalog. Besonders Spitzenweine werden heute großteils auf diesem Wege geordert und versendet. Die Kataloge lassen schnell erkennen, ob es sich um echte oder vorgetäuschte Weinkompetenz handelt. Kompetente Weinhandlungen importieren ihre Weine wenigstens teilweise selbst, vertreten nicht nur große bekannte, sondern auch kleine unbekannte Weingüter. Weil der Kunde die Weine vor dem Kauf nicht probieren kann, bieten sie vorsortierte Probepakete zu Sonderkonditionen an.

Weinauktionen

Gemessen am Gesamtvolumen des Weinmarktes sind die Mengen, die auf Auktionen umgesetzt werden, minimal. Aber für den Spitzenweinmarkt spielen sie eine große Rolle. Besonders für Liebhaber älterer Weinjahrgänge und für Weine in Großflaschen sind Auktionen ein wichtiger Marktplatz. In den letzten Jahren werden auch zunehmend junge Jahrgänge gehandelt. Auffällig ist dabei, dass die Zuschlagpreise vieler Weine über den Preisen des Weinfachhandels liegen, rechnet man Aufgeld, Bearbeitungsgebühr und Transportspesen hinzu. Schnäppchen sind hier nur selten zu machen. Besonders auf Internet-Auktionen werden oft viel zu hohe Preise bezahlt. Es gibt nur wenige Auktionshäuser, die ihre eingelieferte Ware zuverlässig kontrollieren. Bei Weinen, die mehr als 20 Jahre alt sind, ist die Angabe des Füllstandes zum Beispiel von großer Bedeutung. Bei nicht korrekten Angaben ist der Käufer der Geschädigte.

Internet-Weinhandlungen

Der Weinkauf via Internet liegt im Trend. Die Zahl der Internet-Weinhandlungen wächst ständig. Den Löwenanteil des Marktes aber teilen einige wenige E-Commerce-Unternehmen unter sich auf. Sie sind meist Ableger großer Weinimporteure oder Versandfachhandlungen, die bereits über die entsprechende Logistik und Infrastruktur verfügen. Allerdings werden auf diesem Weg hauptsächlich Basisqualitäten angeboten. Seltene Weine, wie Kenner sie suchen, sind im E-Shop kaum zu finden und werden – wenn überhaupt – von kleinen Spezialanbietern angeboten. Die Websites sind durchweg kundenfreundlich aufgebaut und gehen oft über das reine Weinangebot hinaus. Neben farbenfrohen Abbildungen von Weinflaschen und -etiketten werden Weinaccessoires wie Karaffen, Gläser und Korkenzieher angeboten. Garniert wird die Auswahl vielfach durch ausführliche Beschreibungen von Herkunft und Herstellung, Qualität und Lagerfähigkeit und Tipps zur Harmonie von Essen und Wein. Skeptiker können Probierpakete ordern, an virtuellen Weinproben teilnehmen oder die individuelle Beratung des Anbieters nützen. Allerdings endet die Begeisterung des Kunden für das E-Commerce oft beim Empfang der Waren. Abgesehen von zerbrochenen Flaschen, zeitlichen Verzögerungen und höheren Transport- oder Zollkosten, z. B. bei Waren aus dem Ausland, können die Angebote im Internet veraltet und der georderte Wein nicht mehr verfügbar sein. Erfahrene Internet-Käufer fragen nach den Geschäftsbedingungen: Kostenlose Zustellung ab einem bestimmten Auftragswert, Rückgaberecht bei Nichtgefallen, Bezahlung erst nach Warenerhalt sollten beispielsweise vertraglich garantiert sein.

Wein als Kapitalanlage

Banker wissen zwischen Sparbuchzinsen und Anlagerendite zu differenzieren. Weinsammler tun sich dagegen schwer, zwischen Trinkweinen und Investment-Weinen zu unterscheiden. Viele sind überzeugt, sie hätten gute Investments in ihrem Keller. Unerschütterlich glauben sie, dass alles, was einmal viel Geld gekostet hat, auch viel Geld einbringen wird, wenn es irgendwann einmal zur Weinauktion gegeben wird. Ein teurer Irrtum.

Weinauktionen

Weinauktionen gibt es, seit Wein in Flaschen gefüllt und verkorkt wird. Das Londoner Auktionshaus Christie's versteigerte erstmals im Jahre 1766 einen Posten feiner Bordeaux- und Madeira-Weine. Bis vor wenigen Jahren waren Weinauktionen Marktplätze für den Handel mit reifen Weinen – von wenigen Ausnahmen abgesehen. So wurden die Weine des großen Jahrgangs 1847 in Bordeaux erstmals gezielt als Spekulationsobjekt eingesetzt. Die Senkung der Zölle auf französische Weine durch die britische Regierung ließ die Nachfrage und damit die Preise in ungeahnte Höhen schnellen. Die zweite große Spekulationswelle setzte 1959 ein, als der französische Franc abgewertet wurde und Händler aus den USA erstmals massiv Bordeaux-Weine aufkauften. Erst 1972 brach der Weinmarkt in Bordeaux zusammen, nachdem der schlechte 72er-Jahrgang zu viel zu hohen Preisen gekauft worden war. Ein paar Jahre war Ruhe. Dann kam der Wunderjahrgang 1982, der die Spekulation erneut anheizte. Sie hat bis heute angehalten.

Die Renditen

Die Renditen, die mit Wein erzielt werden, liegen mal bei null, mal bei 100 Prozent pro Jahr. Sie werden heute nicht mit reifen, sondern mit jungen Weinen erzielt. Um einen 100-Prozent-Treffer zu landen, sind allerdings Glück, gute Beziehungen zum Weinhandel und die Lektüre des Infobriefs »The Wine Advocate« des amerikanischen Weintesters Robert Parker nötig. Ein Wein, der bei ihm mit 99 oder 100 Punkten bewertet wird, verdoppelt sich innerhalb weniger Wochen im Preis. Wer ihn dann nicht schon im Keller hat (bzw. im Besitz von Futures auf ihn ist), muss gute Kontakte zu Händlern oder Brokern besitzen, um noch einige Flaschen zu einem günstigen Preis erwerben zu können. Um eine Flasche des berühmten Château Pétrus zu bekommen, reicht Geld nicht aus. Die wenigen Flaschen, die verfügbar sind, werden guten, langjährigen Kunden angeboten. Oder es werden Koppelgeschäfte gemacht: Wer für 5000 Euro andere, weniger rare Weine kauft, erhält im Gegenzug eine Flasche Pétrus.

Weinauktionen sind ein wichtiger Marktplatz für den Handel mit Spitzenweinen.

Bei Auktionen kommen neben alten heute auch vermehrt junge Weine »unter den Hammer«.

Kultweine

Die professionelle Weinspekulation ist auf ein paar rote Kultweine beschränkt. Die meisten sind Premiers Grands Crus oder Deuxièmes Grands Crus aus Bordeaux. Nur wenige Weine anderer Anbaugebiete und Länder sind ebenfalls zur Spekulation und damit als Kapitalanlage geeignet. Daneben gibt es weltweit ein paar Dutzend Kennerweine, die nur in Kleinstmengen vorhanden sind und einen sehr begrenzten Markt haben. Das Risiko ist jedoch hoch. Gemeinsam ist allen diesen Weinen, dass sie nicht in beliebiger Menge verfügbar sind. Bordeaux-Weine werden meist gekauft, wenn sie noch im Fass reifen. Dann sind sie gewöhnlich am preiswertesten. Das Recht, eine Kiste eines bestimmten Weins nach dessen Freigabe zu erhalten, wird »Future« genannt. Wenn der Wein (nach zweieinhalb Jahren) endlich freigegeben wird, kann der Future bereits mehrfach den Besitzer gewechselt haben – im günstigen Fall zu einem höheren Preis. Weinauktionen sind dazu gar nicht mehr nötig. Das Geschäft besorgen Broker.

Jahrgangs-Spekulation

Oft sind es nur bestimmte Jahrgänge, die das Interesse der Spekulanten auf sich ziehen. So haben die Premiers Grands Crus des berühmten 82er-Jahrgangs (seit 1985, als sie in den Handel kamen) innerhalb von zehn Jahren um 700 bis 1000 Prozent im Preis zugelegt. Das sind bis zu 100 Prozent Wertzuwachs pro Jahr. Der 83er-Jahrgang brachte dagegen jährlich nur 15 Prozent. Außerdem kann es passieren, dass ein 100-Punkte-Wein von Parker nachträglich herabgestuft wird. Sofort verliert er an Wert. (Umgekehrt kann ein Wein aber auch heraufgestuft werden.) Von den Kurssteigerungen abzuziehen sind außerdem die Auktionsspesen. Die großen Auktionshäuser verlangen sowohl vom Erwerber als auch vom Verkäufer eine Prämie zwischen zehn und 15 Prozent vom Zuschlagspreis. Dazu kommen Abwicklungsgebühren, Lotgebühren, Speditionsgebühren sowie die Kosten für die Versicherung. Diese Spesen schmälern allesamt die Rendite.

TIPPS & TRICKS: WERTSTEIGERNDE FAKTOREN

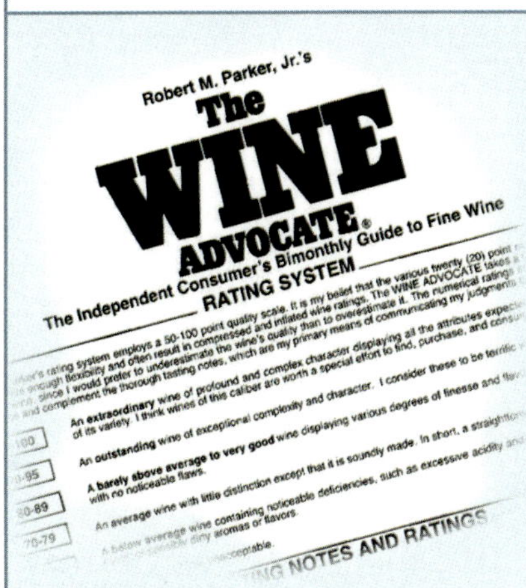

The Wine Advocate: Bibel für Weininvestoren in aller Welt.

Wertsteigernd ist es, wenn Weine in Originalkisten oder -kartons angeboten werden. Besonders begehrt sind Großflaschen von 1,5 bis maximal 12 Liter Inhalt. Sie sind rar. Außerdem reift der Wein in ihnen besser. Bei alten Weinen wird auf die Unversehrtheit der Kapsel ebenso Wert gelegt wie auf ein unbeschädigtes Etikett. Das gilt besonders für die Weine von Château Mouton-Rothschild, die wegen ihrer Künstleretiketten ein beliebtes Sammlerobjekt sind. Ganz wichtig ist der Füllstand der Flasche. Je höher der Pegel ist, desto geringer ist das Risiko für die Qualität des Weins.

DIE 30 BLUE CHIPS UNTER DEN WEINEN

- Château Mouton-Rothschild/Bordeaux
- Château Lafite-Rothschild/Bordeaux
- Château Latour/Bordeaux
- Château Leoville Las-Cases/Bordeaux
- Château Pichon Lalande/Bordeaux
- Château Margaux/Bordeaux
- Château Haut Brion/Bordeaux
- Château d'Yquem/Bordeaux
- Château Ausone/Bordeaux
- Château Cheval Blanc/Bordeaux
- La Mondotte/Bordeaux
- Valandraut/Bordeaux
- Château Pétrus/Bordeaux
- Le Pin/Bordeaux
- Château l'Eglise Clinet/Bordeaux
- Château Lafleur/Bordeaux
- Domaine Romanée Conti/Burgund
- Hermitage La Chapelle/Rhône
- Vega Sicilia/Spanien
- Pingus/Spanien
- L'Ermità/Spanien
- Sassicaia/Italien
- Ornellaia/Italien
- Grange/Australien
- Hill of Grace/Australien
- Opus One/Kalifornien
- Dominus/Kalifornien
- Harlan Estate/Kalifornien
- Screaming Eagle/Kalifornien
- Bryant Family/Kalifornien

Die Weine des Bordeaux Château Latour zählen zu den wertbeständigsten der Welt.

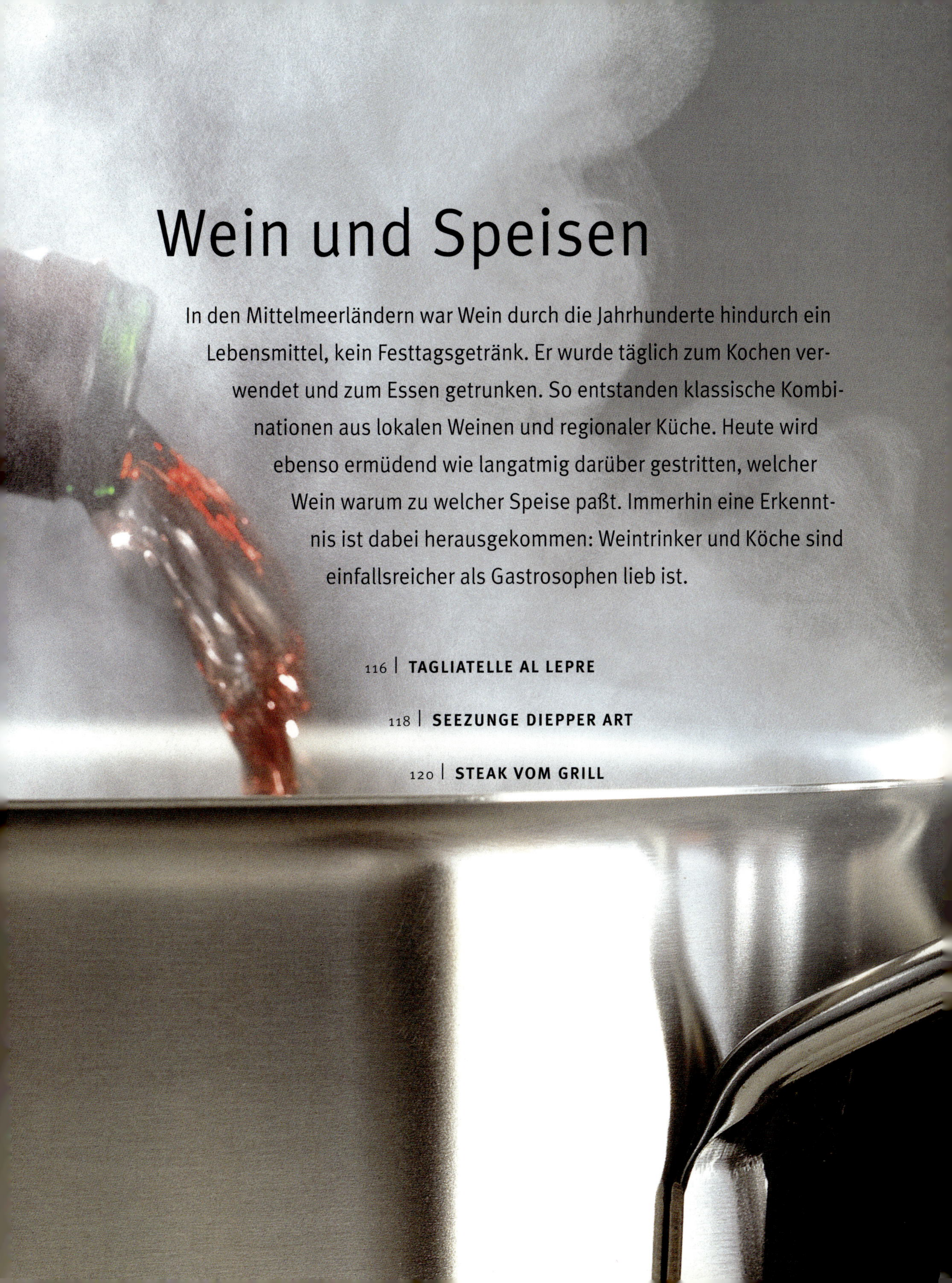

Wein und Speisen

In den Mittelmeerländern war Wein durch die Jahrhunderte hindurch ein Lebensmittel, kein Festtagsgetränk. Er wurde täglich zum Kochen verwendet und zum Essen getrunken. So entstanden klassische Kombinationen aus lokalen Weinen und regionaler Küche. Heute wird ebenso ermüdend wie langatmig darüber gestritten, welcher Wein warum zu welcher Speise paßt. Immerhin eine Erkenntnis ist dabei herausgekommen: Weintrinker und Köche sind einfallsreicher als Gastrosophen lieb ist.

Tagliatelle al lepre

Ein Gericht, das in jeder toskanischen Trattoria auf dem Speisezettel steht: Rund sechs Stunden köchelt der Sugo aus Hasenklein auf dem Feuer und wird dabei ständig mit Wein abgelöscht. Mit welchem Wein? Es kann ein Brunello di Montalcino oder ein Chianti, ein Vino Nobile oder Carmignano sein. Er muss nur das wilde, beerige und würzige Aroma der Toskana aufweisen.

Lammschlegel: Ein Klassiker. Zu Lamm passen perfekt ein Bordeaux, ein Bandol, ein Châteauneuf-du-Pape, ein Rioja, ein Ribera del Duero oder ein Shiraz.

Spaghetti Vongole: Zu diesem typisch mediterranen Gericht passen sardischer Vermentino und Verdicchio aus den Marken hervorragend, ein guter provençalischer Rosé ist perfekt.

Brioche: Dieses Hefegebäck aus Eiern, Butter und Mehl scheinen französische Köche nur zu dem Zweck erfunden zu haben, um damit den Geschmack des Champagners zu heben.

San Daniele-Schinken: Dieses Rauchfleisch ist mit Prosecco ein herrliches Duo – aber Cava und spanischer Serrano-Schinken bilden ein mindestens ebenso gutes Paar.

TIPPS & TRICKS: GRAPPA UND ZIGARETTE

Auch Raucher können Wein genießen. Nur geht beides nicht zusammen: Nikotin und Wein. Nikotin stimuliert die Papillen so stark, dass sie noch mindestens 15 Minuten nach dem letzten Zug aus der Zigarette wie betäubt sind. Ähnlich ist es mit einem Espresso oder Kaffee. Die Feinheiten eines Weins zu erschmecken ist nach Koffein-Genuß ebenso unmöglich wie nach einem scharf gewürzten mexikanischen Essen. Die einzigen Weine, die sich nach Kaffee, Zigarette, Zigarre oder sonstigen Rauchwaren dem Gaumen nicht verschließen, sind alkoholverstärkte, süße Weine: Portwein, Madeira, Marsala oder ein Oloroso-Sherry. Sie machen die Zunge wieder frisch. Holzgelagerter Grappa, Calvados und Cognac passen sogar perfekt zu einem »big smoke«.

Seezunge Diepper Art

In Nordfrankreich und Belgien ist die Diepper Seezunge ein kulinarischer Markstein: Ein in aufgeschlagener Krebsbutter mit Muscheln oder Garnelen angerichteter fangfrischer Fisch, zu dem ein buttrig-weicher, mineralischer Meursault serviert wird. Natürlich lassen sich auch andere Kombinationen ersinnen. Doch diese kommt der Perfektion ziemlich nahe.

Garnelen mit Glasnudeln: Zu mit asiatischen Gewürzen angerichtetem Seafood passen ein halbtrockener deutscher Riesling oder ein australischer Chardonnay.

Hummer: Krustentiere zieren in vielen Teilen der Welt den Speisezettel. Fast immer wird Chardonnay dazu serviert. Gut sind auch ein gehaltvoller Chenin Blanc oder ein Viognier.

Ziegenkäse: Wird in vielen Teilen der Welt produziert, doch allein die Käsenation Frankreich hat den idealen Begleiter herausgefunden: einen Sancerre.

Steak vom Grill

Fleischeslust herrscht nicht nur in gemeinen Steakhäusern, sondern auch in feinen Restaurants. Sirloin oder Porterhouse vom Holzkohlegrill sind eine Delikatesse. Ein klassisches Gericht für einen jungen, tanninreichen Cabernet Sauvignon, etwa aus Kalifornien. Der Saft des »rare« gegrillten Fleisches und das Tannin bilden eine Einheit, der Grillgeschmack und die röstigen Aromen vom Ausbau im Holzfass ebenfalls.

Coq-au-Vin: Ein Gericht, das einst die Welt eroberte – im Burgund gehört es zum Repertoire jeder Hausfrau. Der Burgunder, in dem der Hahn schmort, wird dazu auch getrunken.

Rehfilet: Zu dem säuerlichen, leicht strengen Geschmack passen ein fruchtsüßer Pinot Noir, ein deutscher Spätburgunder, ein Schweizer Blauburgunder oder ein Syrah von der Rhône.

Foie Gras: Sie wäre nur halb so berühmt, wenn die Franzosen dazu nicht den edelsüßen Sauternes hätten. Beides ist wie geschaffen füreinander. Andere edelsüße Weine passen auch.

Die zehn hartnäckigsten Weinlegenden

Wein beflügelt die Phantasie der Menschen. Das geschieht manchmal in einer Weise, dass die Grenze zwischen Wahrheit und Einbildung langsam verschwimmt. Jedenfalls gibt es nur wenige Bereiche des Lebens, in dem die Menschen so unerschrocken ihre Irrtümer verteidigen wie beim Wein.

1 Die besten Weine stammen aus Frankreich.

Bordeauxwein ist nicht französischer Wein schlechthin.

Der Ruf Frankreichs als herausragende Weinnation beruht auf dem Glanz seiner großen Burgunder- und Bordeauxweine. Sie machen etwa fünf Prozent der französischen Weinproduktion aus. Die anderen Weine, die aus Frankreich kommen, sind genauso gut oder genauso mittelmäßig wie die Weine anderer Weinnationen. Zudem sind nicht alle Bordeaux und Burgunder große Weine. Nur eine winzig kleine Zahl kann für sich beanspruchen, wirklich außergewöhnlich zu sein. Und Spitzenweine gibt es inzwischen (und gab es teilweise immer schon) auch in Spanien, Italien, Kalifornien, Australien, Österreich und in Deutschland. Einige von ihnen haben in »blinden« Weinproben höhere Bewertungen erhalten als ihre französischen Pendants – und zwar von französischen Weinverkostern.

2 Unter zehn Euro gibt es keine guten Weine mehr.

Richtig ist, dass die Weinpreise in den letzten Jahren explodiert sind. Aber gleichzeitig ist die Qualität vieler Weine dramatisch gestiegen. Wer gute Weine unter 10 Euro sucht: Es gibt mehrere Weinführer, die sich die Aufgabe gestellt haben, solche Weine zu finden. Und es gibt Weinzeitschriften, die regelmäßig gute Weine für weniger als 5 Euro vorstellen. Das bedeutet allerdings nicht, dass alles, was 4,90 Euro kostet, seinen Preis wert wäre.

3 Nur gute Jahrgänge lohnen den Kauf.

Kühle oder feuchte Jahre haben heute nicht mehr dieselben schlimmen Auswirkungen auf die Weinqualität wie früher. Gestaffelte Lese, schnelles Keltern und besseres Verlesen der Trauben führen dazu, dass Weine auch aus »kleinen« Jahren reintönig bleiben. Einziger Nachteil gegenüber »großen« Jahren: Sie sind weniger vollmundig und früher trinkreif.

4 Alte Weine sind gute Weine.

Der Mythos besagt, dass Wein alt werden kann. Doch viele Menschen verziehen das Gesicht, wenn sie eine alte Flasche aufmachen und den Wein probieren: fremdartige Gerüche, unfrische Aromen, bizarre Geschmacksnuancen. Schnell wird die Sehnsucht nach einem frischen, jungen Wein wach. Und manchmal zu Recht. Denn nicht jeder Wein gewinnt, wenn er altert. Und bei manchem zehn oder 20 Jahre alten Wein wäre es besser, man hätte ihn schon nach fünf Jahren getrunken. Wichtig ist, dass ein Wein überhaupt einen Höhepunkt erreicht – auch wenn dieser im ersten oder zweiten Jahr liegt.

5 Frauen trinken am liebsten Rosé-Champagner.

Den lachsfarbenen Rosé-Champagnern geht der Ruf voraus, sie seien das bevorzugte festliche Getränk der Frauen. Ein schmeichelhaftes Kompliment, gehört doch der Rosé wegen seines erhöhten Pinot Noir Anteils zu den feinsten Champagnern, die es gibt. Doch alle Verbraucheruntersuchungen belegen, dass Frauen wesentlich mehr »weißen« als Rosé-Champagner trinken. Also eine reine Erfindung der Werbung? Oder der Männer, die das zarte Rot des Weins allzu leicht mit der Vorstellung vom »zarten Geschlecht« in Verbindung bringen? Oder liegt es schlicht daran, dass Rosé-Champagner meist eine erhöhte Dosage aufweisen, mithin um eine Nuance süßer schmecken als Brut-Champagner? Die nächste Legende wäre geboren: Frauen bevorzugen süße Weine. Tatsache ist, dass der Champagnerkauf zumeist Männersache ist. Und es gibt, auch in punkto Rosé-Champagner, keinen Grund anzunehmen, dass der Mann etwas kauft, das ihm nicht auch selbst mundet.

Rosé-Champagner: Zartroter Schaumwein, dem nur das »zarte Geschlecht« zuspricht?

6 Schwere Rotweine muss man am Kamin trinken.

Wäre die Behauptung richtig, läge der Rotweinkonsum dramatisch niedrig. Wer besitzt schon einen Kamin? Das Vorurteil stammt aus der Zeit, als Kamin und feurige Rotweine die einzigen Wärmequellen im Haus waren. Seit Erfindung der Zentralheizung hat sich das geändert. Da schmecken schwere Rotweine auch am Esstisch und an der Küchenbar.

7 Nur trockene Weine sind gute Weine.

Was heißt trocken? Null Gramm Restzucker, also vollständig durchgegoren? Solche Weine gibt es nur selten. Maximal 4 Gramm Restzucker? So lauten die Vorschriften der EU. Maximal 9 Gramm Restzucker? Nach dem Deutschen Weingesetz dürfen solche Weine noch als trocken gelten. Oder 15 Gramm Restzucker, wie Brut-Champagner sie aufweisen dürfen? Das Verwirrende ist, dass mancher Brut und mancher deutsche 9-Gramm-Restzucker-Wein trockener schmecken als andere Weine mit 4 Gramm Restzucker. Ein hoher Alkoholgehalt verleiht dem Wein eine fruchtige Süße, auch wenn er analytisch trocken ist. Eine hohe Säure puffert dagegen die vorhandene Süße ab. Bleibt die Frage, ob ein schmeckbar süßer Wein unangenehm zu trinken ist. Das wiederum hängt vom Wein und von den persönlichen Geschmacksvorlieben ab. Tatsache ist, dass einige der besten Elsässer, deutschen und österreichischen Rieslinge eine spürbare Restsüße aufweisen und dennoch hochfein sind. Ganz zu schweigen von den zahlreichen edelsüßen Weinen, die zu den teuersten und gesuchtesten Weinen der Welt gehören. Im Gegensatz etwa zum White Zinfandel, den die Amerikaner gerne trinken: Er ist ein limonadiger, kommerziell süßer Weißwein.

8 Frauen sind die besseren Weinverkoster.

Kontroverse Behauptung, die ebenso oft bestätigt wie bestritten wird. Vielleicht können Frauen manchmal die Aromen eines Weins spontaner empfinden und phantasievoller benennen. Doch bewiesen ist gar nichts – außer dass tüchtige Frauen im Weinbereich ebenso erfolgreich sind wie tüchtige Männer.

9 Im Sommer werden lieber Weiß- und Roséweine getrunken.

Manche Vorurteile halten sich so hartnäckig, weil sich mit ihnen angenehme Vorstellungen verbinden. Etwa von toskanischen Terrassen und luftigen Stränden, die im Sommer von relaxenden Menschen mit einem Glas kühlen Wein in der Hand bevölkert sind. Als ob es im Sommer nie kalt wäre oder regnen würde. Als ob die Menschen im Sommer nie Appetit auf Steak oder Schweinebraten hätten. Als ob ein gut temperierter Rotwein auf einer Terrasse am Meer auch im Sommer nicht vorzüglich munden würde – so gut wie ein edler Weißwein im Winter.

10 Weine aus Übersee können nicht alt werden.

Mag sein, dass Rotweine aus Kalifornien, Chile, Australien und Südafrika nicht die legendäre Alterungsfähigkeit einiger europäischer Spitzenweine haben. Doch in zahlreichen Weinproben hat sich herausgestellt, dass 20 Jahre und mehr für die Besten aus Übersee kein Alter ist. Außerdem deutet viel darauf hin, dass die großen Bordeauxweine von heute durch die veränderten Herstellungsmethoden auch nicht mehr derart langlebig sein werden wie noch vor 50 Jahren. Die Châteaux bemühen sich vielmehr, ihren Weinen schon zu einem frühen Zeitpunkt ein hohes Maß an Reife und Finesse mitzugeben.

Weine aus der Neuen Welt: Die besten können vielleicht nicht 100, aber 20 Jahre alt werden.

Abgang: letzter, im Mund verbleibender Geschmack eines Weins nach dem Schlucken; je länger, desto besser

Abstich: Abpumpen des Rotweins von den Schalen, des Weißweins von der Hefe

A.C.: frz., Appellation Contrôllée: Ursprungsbezeichnung, Kurzform für Appellation d'Origine Contrôllée (A.O.C.)

Aroma: Weingeschmack, der mit der Nase wahrgenommen wird

Assemblage: Zusammenfügen gleicher Weine bzw. Weine gleicher Herkunft zu einem Wein

Auf die Flasche ziehen: Winzersprache für das Abfüllen von Wein

Ausbau: Reifung des Weins im Holzfass bzw. Stahltank

Avinieren: ein Glas »weingrün« machen, d. h. ein wenig von dem neuen Wein in das Glas einschenken, darin kreisen lassen und auskippen. Dient dazu, weinfremde Gerüche zu tilgen

Barrique: kleines Fass aus Eichenholz (225 l Inhalt)

Bocksbeutel: flachbauchige Flasche für Frankenweine

Botrytis: Edelfäule; erwünschtes Auftreten des Grauschimmelpilzes, besonders bei Trauben zur Herstellung von süßen Weinen

Bouquet: frz., bezeichnet die Gesamtheit der Dufteindrücke eines Weins

Brandig: nach Alkohol riechend

Brut: frz., wörtlich: trocken; tatsächlich sind bis 15 g Zucker erlaubt

Cava: span., Schaumwein nach der Méthode champenoise

Chambrieren: frz., von »chambre« (Zimmer) abgeleitet, bedeutet, den Rotwein auf Serviertemperatur zu bringen

Château: frz., Schloss, Weingut

Claret: engl., Bezeichnung für roten Bordeauxwein

Clos: frz., abgeschlossener Weinberg, oft von einer Mauer umgeben

Crémant: Schaumwein mit geringer Schaumbildung

Cru: frz., Einzellage

Cuvée: frz., 1. Zusammenfügen von gleichen Weinen bzw. Weinen gleicher Herkunft; 2. beim Keltern zuerst ablaufender und hochwertigster Teil des Mostes

Degorgieren: Entfernen des provisorischen Korkens der Champagnerflasche nach Beendigung der Flaschengärung zum Zwecke der Entfernung der Hefe, meist im Eisbad stattfindend

Degustation: fachliche Weinprobe; der Wein wird nicht geschluckt, sondern hinterher meist ausgespuckt

Dekantieren: Umfüllen des Weins in eine Karaffe

Depot: Bodensatz des Rotweins, der sich in der Flasche bildet; Zeichen für hochwertige Qualität

Diabetikerwein: Wein mit nicht mehr als 4 g Restzuckergehalt

D.O.: span., Denominación de Origen, kontrollierte Ursprungsbezeichnung

D.O.C.: ital., Denominazione di Origine Controllata, kontrollierte Ursprungsbezeichnung

D.O.C.G.: ital., Denominazione di Origine Controllata e Garantita, kontrollierte und garantierte Ursprungsbezeichnung, höchste Stufe der italienischen Qualitätsbezeichnung

Domaine: frz., ländliches Weingut

Dosage: Mischung aus Wein und Zucker (gelegentlich auch Branntwein und Zucker), die Schaumweinen gerne zugesetzt wird, um diese geschmacklich abzurunden

Durchgegoren: Wein ohne Restzucker, staubtrocken

Edelfäule: siehe Botrytis

Eiswein: Wein, der aus spätgelesenen, gefrorenen Trauben erzeugt wird, muss in Deutschland mindestens das Mostgewicht einer Beerenauslese aufweisen

Erzeugerabfüllung: Wein, der von demselben Weingut abgefüllt wird, von dem auch die Trauben stammen

Extrakt: Inhaltsstoffe des Weins, die nach dem Verdunsten des Wassers übrigbleiben, z. B. höherwertige Alkohole, Säuren, Mineralien, Zucker

Feurig: Bezeichnung für einen schweren, alkoholreichen Wein

Finesse: frz., Ausdruck für Feinheit, Eleganz eines Weins

Firne: müder, überreifer, leicht oxydierter Wein

Frappieren: Herunterkühlen des Weins im Eisbad

Frizzante: leicht schäumender Wein, oft durch zugesetzte Kohlensäure

Gerbsäure: Tannin; besonders in Rotweinen vorhandene Säure, geschmacklich bitter und auf der Zunge pelzend, mit den Jahren jedoch mürbe werdend, den Wein gut konservierend, ihm Fülle und Komplexität verleihend

Gespritet: Weinen wird reiner, hochprozentiger Alkohol hinzugefügt, die Hefe wird abgetötet, der Restzucker kann nicht weiter reagieren; deutsche Weine dürfen nicht gespritet werden

Gespritzter: österr., leichter, mit Wasser verdünnter Wein

Großlage: in Deutschland gebräuchliche, jedoch irreführende Bezeichnung für ein weitgefasstes, über eine Gemeinde oder mehrere Gemeinden sich erstreckendes Rebeneinzugsgebiet, hat mit »Lage« im ursprünglichen Sinn nichts zu tun

Halbtrocken: in Deutschland bis zu 18 g Restzucker, beim Champagner (»extra-sec«) bis zu 20 g

Herkunftsbezeichnung: Name eines Qualitätswein-Anbaugebietes, auch »Ursprungsbezeichnung« genannt

Heuriger: österr., 1. junger Wein, 2. Weinlokal

Kauen: durch Kaubewegungen beim Verkosten wird dafür gesorgt, dass der Wein alle Geschmacksknospen auf der Zunge umspült

Körper: Gesamtheit des Alkohols und des Extraktes eines Weins

Lage: durch gleichartige Böden, gleiches Kleinklima, gleiche Sonnenausrichtung etc. eng begrenzter Weinberg

Leicht: gering an Körper, vor allem an Alkoholgehalt

Luftton: leicht oxydierter, firniger Wein

Maderisiert: stark oxydierter Wein

Magnum: Großflasche von 1,5 l Inhalt (2 Normalflaschen)

Malolaktische Gärung: Milchsäuregärung, Umwandlung der Apfelsäure in Milchsäure

Milchsäure: durch Bakterien gebildete weiche Säure, deren Ausgangsprodukt die harte Apfelsäure ist

Mild: in Deutschland übliche Bezeichnung für Weine mit mehr als 18 g Restzucker, die wegen ihrer kräftigen Säure zwar zartsüß, aber nicht lieblich schmecken

Millésime: frz., Jahrgang

Mischsatz: auch »gemischter Satz« genannt: aus verschiedenen Sorten gekelterter und vinifizierter Wein

Mousse: Schaum beim Champagner und beim Sekt

Nachgärung: 1. Weitergären des Rotweins im Tank nach dem Abstich von der Maische, 2. unerwünschtes Weitergären des Weins auf der Flasche

Nase: Bezeichnung für das Bouquet eines Weins

Öchsle: Maßeinheit für die physikalische Dichte des Mostes, von der aus Rückschlüsse auf dessen Zuckergehalt gezogen werden können

Oxydiert: negative Eigenschaft eines Weins, der durch Alter bzw. zu langen Luftkontakt ungenießbar geworden ist; bei Sherry, Portwein und anderen Likörweinen notwendiges Reifemerkmal

Perlage: Kohlensäurebildung bei Schaumweinen im Glas

Prädikat: in Deutschland und teilweise auch in Österreich gebräuchliche Unterteilung der Qualitätsweine entsprechend dem Zuckergehalt ihres Mostes: Kabinett, Spätlese, Auslese etc.

Q.b.A.: Qualitätswein bestimmter Anbaugebiete: in Deutschland unterste Stufe des Qualitätsweins

Redox-Potenzial: die Veranlagung des Weins, mit Sauerstoff zu reagieren

Reduktiv: unter Sauerstoffabschluss vergoren, ausgebaut und abgefüllt. Gegenteil von oxydativ

Reserva: span., Wein mit verlängerter Lagerzeit, von Anbaugebiet zu Anbaugebiet unterschiedlich bemessen

Riserva: ital., länger gelagerter Wein, oft gleichbedeutend mit einer Auslese

Schaumwein: Sammelbezeichnung für Champagner, Sekt, Spumante und andere schäumende Weine

Schönen: Stabilisierung des Weins durch Bentonit, Eiweiß, Hausenblase u.a. Schönungsmittel, um zu verhindern, dass er auf der Flasche eintrübt

Smaragd: höchstes Prädikat der Weine von der Wachau, entspricht etwa einer deutschen Spätlese

Sommelier: frz., Bezeichnung für den Weinkellner (weibl.: Sommelière)

Spritzig: Wein mit Restkohlensäure, häufig bei jungen Weinen

Spumante: ital., Schaumwein

Steinfeder: Prädikatsstufe von Weinen der Wachau, entspricht etwa einem deutschen Q.b.A.

Süßreserve: dem bereits durchgegorenen Wein hinzugefügter geschwefelter süßer Most, in Deutschland zur Süßung erlaubt

Tafelwein: unterste Kategorie von Weinen in der europäischen Weingesetzgebung, geringe qualitative Anforderungen

Tannin: andere Bezeichnung für Gerbstoff. Gehört zur Gruppe der Polyphenole und ist vor allem in Rotweinen anzutreffen

Trester: ausgepresste Schalen derTrauben

Trocken: Bezeichnung für einen Wein, bei dem man keine Restsüße schmeckt. Die Formel für »trocken« lautet gemäß EU-Richtlinie: Säure in Milligramm minus 2. In der Praxis heißen Weine bis zu max. 4 g Restzucker »trocken«

Trub: Schwebeteilchen im frisch vergorenen Wein

Verschnitt: aus mehreren Weinen unterschiedlicher Herkunft und Sorten zusammengestellter Wein

Vinifikation: Weinbereitung; Kelterung und Vergärung des Mostes

Vintage: engl., Jahrgang

Viskosität: Aggregatzustand des Weins (z. B. dickflüssig, cremig)

V.Q.P.R.D.: frz., Abkürzung für Vins de Qualité Produits dans des Régions Déterminées, im europäischen Weinrecht werden damit alle Qualitätsweine bestimmter Anbaugebiete bezeichnet

Weinstein: Kaliumsalz, Ausfällung der Weinsäure, kann bereits während der Gärung auftreten, aber auch später in Form von kleinen, weißen Kristallen auf dem Flaschenboden; beeinträchtigt nicht den Geschmack

Weißherbst: in Deutschland gebräuchliche Bezeichnung für Roséweine

Weinaccessoires

HCH Handelscontor Wilhelm Hallert
Luruper Chaussee 125
D-227621 Hamburg
Tel. 040-89 08 430

Joh. Bapt. Hochhaus
Jean-Pierre-Jungels-Str. 9
D-55126 Mainz
Tel. 06131-47 20 38

Idee exclusiv
Manfred O. Pfurtscheller
Stadlweg 40
A-6020 Innsbruck
Tel. 0043-(0)512-34 34 68

International Wine Accessoires IWA
10246 Miller Road
Dallas, Texas 75238-1206
USA
Tel. 001-800-527-4072
www.iwawine.com

L'Esprit et le Vin
La Ville-aux-Nonains
F-28520 Senonche
Tel. 0044-(0)237-53 53 06
www.Esprit-et-le-vin.com

Pro Idee
Auf der Hüls 205
D-52053 Aachen
Tel. 01805-10 91 11
www.proidee.de

Savoir Vivre
Bahnhofstr. 52
D-65185 Wiesbaden
Tel. 0611-99 18 60
www.savoir-vivre-Versand.de

Le Nez du Vin

Promondo Verlag & Versand
Bahnhofstr. 25
D-65185 Wiesbaden
Tel. 0611-99 18 60
www.promondo.de

OLF S.A.
Emmanuel Clerc
Case Postale 1061
CH-1701 Fribourg
Tel. 0041-(0)26-467 53 33

Weingläser

Riedel Glas
A-6330 Kufstein
Tel. 0043-(0)5372-64 896
www.riedelcrystal.co.at

Schott Zwiesel AG
Dr. Schott-Str. 35
D-94227 Zwiesel
Tel. 09922-980

Kristallfabrik Spiegelau
Hauptstr. 2-4
D-94518 Spiegelau
Tel. 08553-24 00

Weinklimaschränke

Chambrair
Ahrensburger Str. 150
D-22045 Hamburg
Tel. 040-66 95 500
www.chambrair.de

Eurocave
Schwarzwaldstr. 6
D-77933 Lahr
Tel. 07821-915500
www.eurocave.de

Liebherr-Hausgeräte
Postfach 1161
D-88411 Ochsenhausen
Tel. 07352-92 80
www.lhg.liebherr.de

Transtherm
c/o Boda Weinhaus
Gartenstr. 18
D-45549 Sprockhövel
Tel. 02324-97 13 77
www.boda-weinhaus.de

Weinkeller, Weinklimazellen, Klimatüren

Quantum
Ludwig-Rinn-Str. 10 u.16
D-35452 Heuchelheim
Tel. 0641-96 26 30

Chambrair und Eurocave, siehe Weinklimaschränke

IWA, siehe Weinaccessoires

Korkenzieher

Le Creuset GmbH
Zeppelinstr. 9
D-73274 Notzingen
Tel. 07021-97 490

VacuVin B.V.
Kalfjeslaan 68
NL-2600 Al Delft
Tel. 0031-(0)15-26 26 926
www.vacuvin.nl

PC-Software zur Kellerverwaltung

Augia Soft
Wasterkinger Weg
CH-8193 Eglisau
Tel. 0041-(0)1-86 7 1 766
www.augiasoft.ch

CB Software
Gelvenweg 14
D-40670 Meerbusch
Tel. 02159-50 32
www.cb-software.de

VCA Systems GmbH
Hauptstraße 103
D-71364 Winnenden
Tel. 07195-97 390
www.home-box.de / www.vca-shop.de

Wine Technologies Inc.
P.O.Box 67465
USA-Chestnut Hill, MA 02467
Tel. 001-617-323-8745
www.winetech.com

BILDNACHWEIS:

Cover und Rückumschlag: **FoodPhotography Eising**
Christie's Images 112; **Eurocave** 105 unten; **Faber & Partner** 4 oben re., 82/83; **Axel Hoppenhaus** 104/105; 106/107; **FoodPhotography Eising** 4/5, 6, 8/9, 10/11, 14/15, 16/17, 18/19, 20, 21, 22, 23 oben, 24/25, 26/27, 28/29, 30/31, 32/33, 34/35, 36/37, 38/39, 40, 41 re. unten, 42/43, 44, 45, 46/47, 48/49, 50, 51, 52/53, 54/55, 56/57, 58, 59, 60/61, 62, 63, 64/65, 69, 70/71, 72/73, 74/75, 80/81, 84, 86, 90/91, 92/93, 94/95, 96/97, 100, 113 unten re., 114/115, 116/117, 118/119, 120/121; **Ohlinger** 41; **Henriette Rintelen** 79; **StockFood/S. Eising:** 117 (oben li, unten re.), 121 Mitte; **StockFood/S. & P. Eising** 118 (Mitte, u.); **StockFood/R. Feuz** 117 unten li.; **StockFood/U. Köb** 121 o.; **StockFood/H. Lehmann** 78; **StockFood/J.Lehmann** 89; **StockFood/J. J. Magis** 121 u.; **StockFood/G. Seper** 118 o.; **StockFood/Snowflake Studios Inc.** 117 oben re.; **Altan Üze** 12/13; **VCA Systems GmbH** 109 u.; **Tom Vormstein** 23 u.; **The Wine Advocate** 113, **Wine Technologies Inc.** 108; **Winegate Internet AG** 111; **Zero** 4 unten li., 7, 51 oben li., 59 rechts u., 63 re., 66/67, 68, 77, 98/99, 103 oben, 110, 122/123